互联网时代大学生创新创业教育模式研究

林国旗 著

云南出版集团

云南美术出版社

图书在版编目（CIP）数据

互联网时代大学生创新创业教育模式研究／林国旗
著. —昆明：云南美术出版社，2023.6
ISBN 978 - 7 - 5489 - 5362 - 3

Ⅰ．①互… Ⅱ．①林… Ⅲ．①大学生－创业－研究
Ⅳ．①G647.38

中国国家版本馆 CIP 数据核字（2023）第 103666 号

责任编辑：刁正勇
责任校对：梁 媛 李 平 邓 超
装帧设计：刘慧敏
封面设计：寓 羽

互联网时代大学生创新创业教育模式研究

林国旗　著

出版发行：云南出版集团
　　　　　云南美术出版社（昆明市环城西路 609 号）
制版印刷：昆明德厚印刷包装有限公司
开　　本：787mm×1092mm　　1/16
印　　张：7.75
字　　数：250 千字
版　　次：2023 年 6 月第 1 版
印　　次：2023 年 6 月第 1 次印刷
书　　号：ISBN 978 - 7 - 5489 - 5362 - 3
定　　价：45.00 元

前　言

　　新时期，面对着日益激烈的全球化竞争以及经济的快速转型升级，创新创业成为促进社会发展的新动力。创新是高新技术得以转化为现实生产力的桥梁，创业是社会经济能够持续发展的重要途径。大学生是创新创业的主体，互联网经济模式不仅使大学生创新创业拥有了全新的机制，而且扩展了大学生创新创业的领域。互联网时代的到来，为大学生创新创业提供了更多的空间和机会，同时也带来了无限挑战。基于此，对互联网时代中的大学生创新创业教育模式进行研究具有十分重要的现实意义。

　　本书从"互联网＋大数据"入手，介绍了"互联网＋大数据"的社会应用、质量提升与深远影响，梳理并分析了互联网时代大学生创新创业的影响因素及路径选择，然后对互联网时代大学生创新创业教育实践教学体系的建设、互联网时代大学生创新创业的机会展开论述，最后对互联网时代高校创新创业教育进行了深入探讨。希望通过本书的介绍，能够为读者提供有关互联网时代大学生创新创业教育模式研究方面的帮助。

　　本书在写作过程中，笔者参阅了相关文献资料，在此，谨向其作者深表谢忱。

　　由于水平有限，疏漏和缺点在所难免，希望得到广大读者的批评指正，并衷心希望同行不吝赐教。

著　者

2023 年 4 月

目　录

第一章 "互联网＋大数据"概述

第一节 "互联网＋大数据"的社会应用

一、"互联网＋教育"的应用

回溯我国古代教育史，新教改理论与研究的引路人，当然要首推孔子。作为我国最著名的教育思想家，早在两千多年前，孔子就提出一系列与新教改思路相适应的理论和思想。他认为"不愤不启，不悱不发。举一隅不以三隅反，则不复也"。他提倡教育应该"有教无类""因材施教"。我国教育创新的思想体系自古便有之，现当代，我国基础教育也一直在进行教学改革和课程改革的创新。

（一）平衡教育公平与教育个性化

1. 教育资源分配不均与选拔标准的同质化

教育资源分配不均与选拔标准的同质化之间的矛盾，导致了选拔结果的公平性很容易受到较大影响与重大质疑。作为重要的人才选拔通道，"教育改变命运"是根深蒂固的传统观念。但近年来这条路越来越难走，症结就在于教育资源不均衡。教育的公平性课题，逐渐演变成为社会问题。所以，增强教育公平性一直是教改的主要方向。

2. 实施高质量的个性化教育

机制只能解决形式问题，而形式上的公平化与个性化教育的终极目标仍存在较大差距。从某个角度来看，现代教育仍然采用工业化时代的模式：学生们使用同样的教材、做同样的习题、求教于同样的老师。就本质而言，教育对所有学生都是一成不变的，这其实是不符合个性化教育需要的。在教学改革的实践中，应采取对知识的传递进行更加个性化处理的措施，因材施教要体现在教学内容、授课形式、教师选择等多方面。从价值选择到教学组织形式、从课程结构到管理制度、从教学方式方法到学校组织文化建设等进行全方位转变，创造适合每一个学生发展的教育，从而使个性化教育成为可能。

（二）教学信息化是有效方法

在信息化和大数据的时代背景中，监督与评价最直观最客观的方式，就是用数据说话。在学校这个相对封闭的教学环境中，数据收集与分析的重要载体，就是校园的教学信息化。我国教学信息化受到资源限制，起步较晚，但短短几年间就完成了从封闭到开放、从硬件到云端的飞速转变。在"互联网＋"的大趋势下，教育工作者更应以大数据和互联网思维重新审视和定位校园信息化工作。在教学个性化的实践过程中，同样需要充足的数据和信息，补充教师的经验与判断，以便制定可以细化到每个学生的教学方案。只有获得了基于大数据的信息和分析，学校才能处理好关系到每个学生的最核心的问题，这些问题的回答，才是实现因材施教的根本。所以，数据与信息化是决定教改能否成功的关键基础。

（三）教学信息化的适时调整

教学信息化必须应对教学评价体系和人才选拔制度的变革而进行相应的调整，在调整中寻找自身的价值和突破口。调整的方向应从以下几个方面入手。

1. 明确定位

信息化所输出的数据和分析结果在教学中有日益重要的作用，但学校的信息化部门往往被定位于"后勤"职能。从组织上看，这是很不合理的。改进教学信息化，需要对信息化部门的职能职责进行更清晰的定位，使之从教学的附属成为更重要的辅助力量，信息化部门才能在大数据时代扮演更重要的角色。

2. 加强合作

一直以来，教育机构的数据采集方式采用的是垂直一体化管理，生产、储存、分析均由学校负责。这些数据用于教学研究，也用于政策制定，还用于人才选拔。实际上，教学信息化整个过程不是由客观的第三方监督，而是由典型的内部人士操作。因此，除了学校内部系统，信息化的输入应该引进更多平台，从电子书本到移动互联应用，都应该看作收集和分析数据的渠道，而被学校加以利用。

3. 适应时代需要

数据的性质均是对结果的反映，缺乏过程的描述。这些信息是离散且静止的，无法形成真正意义上的对一线教师的反馈，也无法帮助学生了解自己对教材的掌握程度，更无法支撑高校对同级别的学生进行有效对比与选拔。因此，未来的教学信息化应该更加侧重多维度、过程性数据的采集。这就要求从操作层面上，不能仅仅依赖校内信息化系统对学生在校时间内的记录，而是扩展到校外、课外进行全方位信息的采集。采集对象，也应从"小数据"向"大数据"转变，从"结果性数据"向"过程性数据"转变。

我们已经进入大数据时代，教育也不例外。教育工作者如果能够通过互联网抓住"互联网 +"的时代契机，促进教育体系公平化，实现教育形式个性化，在教学一线形成教学改革突破口，相信我们离孔子所描绘的"因材施教"的个性化教育就真的不远了。

二、"互联网 +"推动主管部门转型

教育主管部门不仅担负着引导互联网健康发展的职能，更要深入其中了解互联网、运用互联网、用互联网思维指导日常工作，推动主管部门职能转型。大数据可以帮助教育主管部门实现三大价值。第一，透明的教育主管部门。大数据最核心的理念就是要建设开放的教育主管部门，这是大数据对于教育主管部门最核心的价值。第二，智慧的教育主管部门。大数据可以帮助教育主管部门更好地了解公众在想什么，需求什么。通过让教育主管部门变得更加智慧，从而提升工作水平。第三，负责任的教育主管部门。通过为社会公众提供更好的服务，真正做到"权为民所用，利为民所谋"，树立更好的部门形象。

第二节 "互联网 + 大数据"的质量提升

在全球信息化快速发展的大背景下，大数据已成为重要的基础性资源，正推动科技创新。大数据也日益对全球生产、流通、分配、消费活动以及经济运行机制、社会生活方式等产生重要的影响。由于"互联网 + 大数据"对现实生活具有举足轻重的作用，我们必须非常重视对"互联网 + 大数据"质量方面的提升。因此，我们可以从以下几个方面着手。

一、以创新思维推动"互联网＋"的发展

随着电脑技术和通信技术的发展，我们进入了"互联网＋大数据"时代，在"大众创业、万众创新"潮流下，给思维创新注入了新的内容和时代特征。思维方式不是人脑主观自生的东西。它是一定历史时期里，受社会实践的制约和作用而形成、发展的。因此，不同社会实践方式影响着人们思维视野的程度与思考能力的高低。人的思维同"互联网＋大数据"组合的思维方式，具有开放性、系统性。从本质上看，它不可能离开人而自动地转换思维方式，不具有人的社会属性。"互联网＋大数据"，形成人机互补的新的思维方式，是对人的脑力活动范围的扩大和速度的加快。当今的"互联网＋大数据"组合的进步，是现代思维方式的辩证互动性的基础。

这种新思维方式，借助于"互联网＋大数据"，使人们的思维具有更全面、更丰富、更深刻、更客观的性质。它使人们打开眼界，增长见识，充实和丰富思维内容，防止思想贫乏。能使人入木三分地抓住问题实质，提高人的深谋远虑的能力，促进思维的灵活敏捷度，预测事物变化趋势，构思富含新意。将创新意识的感性愿望提升到理性的探索上，能实现创新活动由感性认识到理性思考的飞跃。

突破常规思维的界限，提出与众不同的解决方案，产生新颖的、独到的、有社会意义的思维成果，能够改善工作质量、生活质量，提高工作效率，巩固竞争地位，并对经济、对社会产生根本影响，具有流畅性、变通性和独特性。创新思维即现代思维，思维方式最大的开发区就在人类自身的头脑里，人类一切创造性的活动，都发源于思路创新。一个新思路的提出，重要的是思维方式的更新。具备良好的思维方式，才能有所发明和创造。在"大众创业、万众创新"潮流下，创新思维是创新实践、创造力发挥的前提。思路决定出路，格局决定结局。

二、以创新思维推动网络强国的发展

网络强国是基础，"互联网＋"是手段，大数据运用是核心，三者合起来协同发展，将实现产业结构转型升级、政府治理水平提升、民生改善、国力增强。网络空间是未来国际竞争的重要场所，数据资源是网络空间的唯一资源，网络强国家才强，网络强数据才能很好地被开发利用；另外，现行的经济社会

是运行在网络空间之上的，人类已经离不开网络，并将出现网络流量文明。公开数据显示，我国已是世界上最大的互联网市场，有超过6亿的网民和接近6亿的手机网民。世界十大互联网公司中，我国占据四席。此外，我国还是世界第一大网络零售市场。

我国是毫无疑问的网络大国，出现了很多领军企业，但"网络大国"发展成"网络强国"还需要一定过程。而除了数字之外，更值得关注的是附加于网络之上的创新。创新是互联网的永恒主题，网络行业往往是各领风骚两三年，创新的节奏非常快，企业在既有模式上不去创新很快就会被替代。如今很多国际性大型企业已经不敢忽视我国巨大的网络市场，并在思考再次进入，这为我国发展成为网络强国创造了机会；而引入高水平的企业进来，对我国领军企业进一步增强竞争力也非常有利。

第三节 "互联网＋大数据"的深远影响

目前，我国在"互联网＋大数据"的发展与应用方面已具备了一定的基础，拥有市场优势和发展潜力。我国也正全方面地推广和应用"互联网＋大数据"，加快建设数据强国、网络强国。因此，"互联网＋大数据"的影响是巨大的，是革命性的，它渗透在我们生活的各个方面。

一、教育环境方面

在以环境质量改善为导向的环境管理理念的引导下，我们要针对教育环境系统性、动态性的复杂状况，科学有效地实现对海量环境质量数据的收集和应用。在当前数字化、信息化的大背景下，有必要通过大数据和"互联网＋"，获取、分析各种环境数据，为改善教育环境质量服务。具体而言，可以从宏观和微观两个方面入手。

宏观方面，要让大数据和"互联网＋"为改善教育环境质量服务，有必要从顶层全局性、前瞻性方面明晰认知。环境大数据作为新的分析技术手段，若能较好地在高等教育领域应用，可极大地提高决策的科学性，推动教学质量的精细化管理，并较好改变相关预测及决策的传统思路。

微观方面，要让大数据和"互联网＋"为改善教育环境服务，有必要从环境质量改善目标到其具体方案和行动，构建一个更为科学、合理的量化体系。

要充分调动高校师生参与环境质量改善的积极性，使其形成上下呼应、相互关联的海量文本、数据、视频、音频、图片等信息，并使之能够成为科学、准确、全面研判教育环境质量具体舆情的大数据基础。

二、制造业方面

我们都听说过无数关于大数据如何帮助创业者增强营销效果和全面评估客户的案例。除了这些之外，还有许多行业也受到了大数据的影响，尤其是制造业。在近几十年中，制造业一直在收集汇聚大量信息。物联网的出现让制造业成为大数据解决方案的理想候选人。

数据分析对于制造业来说并不是什么新鲜事物。在过去二十年中，制造商依靠企业资源规划和产品生产周期管理等软件提高生产效率，确保产品质量。但由于许多数据的传输速度较慢无法被使用，以及数据被独立地存储在机构当中，用户无法访问到这些信息等原因，导致许多被采集和存储起来的数据无法发挥自己的价值。对于许多机构来说，数据分析只是一种在问题发生之后解决问题的手段，而不是一种在问题发生前主动预防问题的前瞻性手段。

总之，大数据解决方案为制造行业的创业活动带来了巨大机遇。创业者能够通过大数据解决方案降低成本，提高生产效率，并通过迅速地解决问题和根据用户实际使用方式改良产品，最终提升产品质量。随着物联网的持续发展，该领域的大学生创业者从这些数据中获得的好处也将持续增长。

第二章　互联网时代的发展及其影响

第一节　大学生创新创业的影响因素

当前经济和社会发展正处于深刻调整期，大学生创业面临着严峻的形势，主要表现在五个方面：一是自主创业环境不理想；二是缺乏获取启动资金的机会；三是大学生创业能力有待提高；四是家庭及社会支持力度不够；五是缺乏可操作性的项目。

对大学生而言，创业不仅是为了解决个人生计，更是为了实现自己的理想。大学生创业是目前解决就业困难的一个重要途径，也是大学生实现自我人生价值的一个重要途径。目前，大学生正处在从理论到实践、从求知到创业的重要转折时期，大学生科技创新、自主创业越来越成为人们关注的话题，它对个人及社会都会产生深远而积极的影响。然而，自主创业是一项极具挑战性的社会活动，是对创业者自身智慧能力、气魄胆识的全方位考验。除了个人的素质和能力影响创业以外，家庭、学校、社会及亲戚朋友等因素都会影响大学生自主创业。大学生创业的影响因素主要有：学生的个人价值观、个人特质、创业综合素质及创业环境。

一、个人价值观对创业的影响

个体价值观的形成与个人成长息息相关，大学生创业价值观的形成也是如此。在成长期间，个体通过对自身外在环境的接触，不断接收到外来环境的信息，这些信息包含社会的方方面面。每个个体从出生开始，首先接触到的是家庭及家庭周围的社会环境，每个家庭的构成、社会关系、经济情况是不同的。在整个过程中，由于不同个体所接触的外部环境不一样，加之家庭对其后天的教育也不尽相同，这就决定了不同个体会形成不同的价值观。价值观随着性别差异的出现而不断变化，随着年龄的增长，不断地与不同社会群体接触，教育程度逐步加深等，个人对外在环境会形成不同的评价。当成为大学生这一群体后，又存在专业的区分及学历的差别，这些因素经过个体大脑的加工形成了不同的观念，这就使每个大学生的价值观存在显著差异。这些价值观方面的个体差异又包括两个方面：一方面是对自身的价值定位（即个人价值），包括对物质财富的评价与追求、对个人需要的定位与满足、对社会关系的认知与建立、对个体思想的验证追求等；另一方面是个人的社会价值定位，包括个体对他人、国家、社会等的付出意愿。

当然，大学生的性别、年龄、专业、学历、经验等个人因素对创业都有着不同程度的影响，主要表现在创业态度、创业意愿及创业能否成功等方面。

二、个人特质对其创业的影响

早期研究中，创业者被认定为拥有一组特定的个人特质，创业行为由创业者的个人特质所驱动。研究机构调研发现，成功创业的特质体现在 14 个方面：积极主动、执着、注重效率、关心质量、预测风险、有独创的解决问题的方法、发现和利用机会、有说服力、亲自寻找信息、系统的计划、履行合同、有决断力、有信心、使用有影响的策略。在研究和验证创业目标和个性特征的关系时，有人指出不同创业动机水平的大学生个人在特质上存在着较为明显的差异。也有研究者认为控制源、成就需要、风险取向、精力水平、需要、自主水平、个体自我控制和思想等特质影响大学生创业。

三、创业综合素质对创业的影响

大学生的创业综合素质是指大学生在创业活动中所呈现出来的一种综合的胜任能力，包括创业意识、创业精神、创业知识、创业能力和创业思维五个部分。

（一）创业意识

创业意识是指大学生创业者根据自身和社会的发展需要而产生的创业动机或愿望。创业意识是市场经济的法律规范，是主体市场的预测分析在思维意识中形成的价值追求，是一个创业者素质的最为核心的要素。创业意识是提高大学生创业认识，进一步提高创业素质的思想前提，是创业活动过程中的内在精神动力。大学生创业应该具有强烈的事业心，以及追求卓越、重视效益的态度和及时掌握信息的能力。

（二）创业精神

创业精神是大学生创业者主观世界中具有开创事业的品质和意志力。创业是一个较为复杂和特殊的过程，在此过程中需要大学生创业者时刻保持创业热情，树立坚定的必胜的信念，保持高度的责任心。也就是说，创业的大学生需要具备高度的社会责任感和诚信的优良品质，除此之外，良好的心理素质、合作精神、冒险精神和竞争意识也是必不可少的创业精神。

（三）创业知识

创业知识主要包含两个方面，一方面是创业的基础知识，主要体现在商业知识、市场运作、法律法规等方面。另一方面是需要掌握专业知识，主要是指大学生在校期间所学的专业课程知识，如经济学、市场营销学、管理学、人力资源管理、会计、财务管理、税法等。

（四）创业能力

创业能力是一种决定创业能否成功的关键因素，主要表现在能否在创业过程中恰到好处地运用所拥有的知识解决具体问题。创业能力是个人综合能力的一种体现，在创业的过程中发挥着不可替代的作用，在一定程度上决定着事业的持续扩大与发展。创业能力是大学生创业者各方面能力的综合，包括学习能力、沟通能力、领导能力及决策能力等。

（五）创业思维

创业思维是大学生创业者应具备的一种重要素质，能够运用创造性的方式、方法解决所面临的难题或者筹划未来发展，其主要包括系统思维、发散思维、创新思维和逆向思维等。另外，大学生的创业活动与外在的宏观经济环境有着密切的关系。宏观环境主要包括政策与倾向、经济发展水平、生活水平、生态环境、信息环境和创新文化，此外，也包括市场、技术环境和相关的行业发展情况。

四、创业环境对创业的影响

大学生创业环境可划分为两个方面，即软环境和硬环境。软环境是指国家给大学毕业生提供的创业相关的优惠政策、法规和措施。硬环境是指大学毕业生从风险投资机构所能获得的创业支持。国家政策和法律等对大学生创业的支持，是构成创业动力的基础。

（一）教育环境的影响

高校拥有大量的无形资产，巨大的无形资产优势与品牌效应也为大学生创业企业的快速发展奠定了基础。高校本身的信誉度较高，在市场运作中，新创业企业的产品更容易被客户认可，产生品牌效应。而大学科技园在打造技术创新和技术转移平台，在培育创新环境、培养创业人才、孵化科技企业、推进技术转移等方面，对推进大学生创业企业的发展都将起到重要作用。

大学生创业的发展离不开具有创新创业精神和能力的人才，培养具有创新创业能力的一流人才，是高等教育承担的重要任务，也是高等院校教育发展的一个巨大契机。高校的创新创业教育直接影响大学生的创业效应。创业教育包括创业技能教育和创业精神教育两种。创业技能教育是高校通过开设具体技能课程，提高大学生的创业成功率。近几年随着大学生就业压力的不断增加，许多高校在鼓励其毕业生创业的同时，也提供一些必要的创业教育服务。

为此，高校必须尽快地、大胆地进行教育的改革创新，以便为社会不断地输送具有创造性思维和创新能力的人才。创新创业教育的本质是提高学生的创新创业素质，了解什么是创新创业，如何创新创业，怎样创新创业。创业教育的非功利性应体现为揭示创业的一般规律，传承创业的基本原理与方法，培养学生的企业家素质，而不是以岗位职业培训为内涵，或以企业家速成为目标。创新创业教育是结合专业教育传授创新创业知识，培养学生的创新创业能力和创新创业品质，使学生毕业后大胆走向社会，实现自主创新创业和自我发展的教育。因此，高校建立符合创新创业人才培养的完整的教学体系和管理体系是十分必要的。

（二）社会环境的影响

影响大学生创业的社会因素有两个方面：一是社会为大学生提供的创业软硬件环境；二是大学生创业的社会舆论。针对大学生自主创业来说，"硬"的社会环境主要指风险投资机构对大学生创业项目的关注和扶持；"软"的社会环境是指与大学生自主创业相关的政策环境、法律环境、商业环境。另外，整个社会对大学生自主创业的看法，不但影响大学生的择业，还影响大学生自主创业的成功。

值得一提的是，最近几年来，新闻媒体高度关注大学生的自主创业，人们也纷纷议论大学生的自主创业，对大学生自主创业的宣传和评论存在"严重偏离适度"的误区。对大学生自主创业进行吹捧或者过度贬低都是不可取的，应该正确对待大学生自主创业，正确评价大学生创业。

从大学生创业选定的行业来说，行业发展空间与社会、机构对个体支持的影响相比较，其对大学生创业有直接的影响，行业发展空间的大小与大学生创业的意愿和创业成功与否呈正比关系。

（三）家庭环境的影响

大学生个性特征及综合素质与家庭环境有着密不可分的关系，不同家庭环境中的大学生，他们的价值观、世界观、人生观及性格和爱好都存在较大的差异。研究表明，创业者的亲戚是否拥有自己的公司对大学生创业会产生不同程度的影响。家庭成员或者大学生社会交际圈内的人员的创业经历可能对其的创业态度和动机产生直接影响。亲戚朋友的交际圈中有正在创业的或有创业成功经历的会对大学生的独立判断力、职业生涯的发展规划起到积极的引导作用，在一定程度上起到了推动大学生创业的作用。除此之外，家庭对大学生创业支持与否，从某种程度上是影响大学生是否能够走上创业之路的关键因素。

提倡和鼓励大学生创业，是提高大学生能力素质和心理素质的一条有效途径，它能够给平时一心只读书的大学生提供一个直接接触社会的机会，对开阔视野和提高创新能力都是十分有益的。另外，创业过程中的共同合作，能够增进彼此之间的了解，增强学生团队协作精神。同时，大学生创业有力地促进了创业教育的改革和发展。不论大学生的创业成功与否，经过创业实践活动的锤炼，将能培育出一大批创新型人才，造就一支高素质的企业家队伍，并塑造出未来社会的中坚力量。

第二节　大学生创新创业的路径选择

一、大学生创新创业路径培育

在经济社会转型升级处于关键时刻，在创新创业成为一种社会需求的今天，大学生创业是大势所趋，是现实需要。一定程度上，经济的可持续发展也要靠大学生创新创业驱动。

（一）大学生创业的现实需求

1. 经济平稳转型的形势所需

目前正处于经济社会转型发展的重要时期，创新型人才的缺乏使得部分企业的转型尤为艰难，而创新创业教育尤其是高校的创新创业教育是培养高水平创新型人才的有力保障和重要平台。高校应该顺势而为，积极适应市场要求，主动求变，培养出具有特色的创新创业高技能人才，让更多的学生愿意创业、敢于创业、喜欢创业、崇尚创业，形成创新创业的良好氛围。纵观很多国家，创业已成为一种潮流，成为社会经济快速发展的不竭动力，创新创业教育无疑成为增强国家经济实力、解决就业问题的一个良好途径。

2. 高等教育改革的必然趋势

新时期推动"大众创业、万众创新"是充分激发亿万群众智慧和创造力的重大改革举措，是实现国家富强、人民富裕的重要途径，要坚决消除各种束缚和桎梏，让创新创业成为时代潮流，汇聚起经济社会发展的强大新动能。这必将激发新一轮的创业高潮。社会对创新创业人才的渴求史无前例，也必将推动高等教育改革加速进行。高等教育改革将出现一种势不可当的趋势，而创新创业教育是高等教育改革的有力突破口，是高等教育尤其是高等职业教育的必然选择。

相关文件也强调指出，"高等学校，必须将创业技能和创业精神作为高等教育的基本目标"，要使大学生"不仅成为求职者，而且逐渐成为工作岗位的创造者"。

3. 大学生自我发展的需要

大学生是社会的栋梁、国家的希望，具有强烈的责任心，是知识密集型群体，他们对自我价值的实现比一般人更强烈，想实现自身的全面发展，为国家建设发展做出自己应有的贡献，而创业就是其实现人生价值的很好方式。通过创业，可以把自身的聪明才智很好地展示出来，为社会创造出更多价值，在实现社会价值的同时实现自己的人生价值，以自己的创业带动更多的人就业，帮助更多的人实现就业，从而促进社会的和谐稳定发展。

（二）互联网时代的创业路径培育

互联网技术的飞速发展已经影响到社会生活的各个方面，而其对高等教育的影响不言而喻，教育改革的呼声也越来越高，创新创业教育是高等教育改革的有效途径和突破口。基于"互联网＋"技术的高校创新创业教育体系的构建意义重大，并且是一个周而复始、循序渐进的过程。

1. 基于互联网构建创业课程体系

创新创业教育课程是提升学生创业知识、传授创新创业教育理念的主要载体和依托，通过创新创业教育课程的合理设置能够实现其目标，也是高校实施创新创业教育的主要途径。根据大学生的特点和需要，利用"互联网＋"技术构建立体式、全天候、高覆盖的自助课程体系。如开发专门的创新创业教育网站，涵盖创业经典故事、创业网络课堂等，上网的次数和时间可以折算成课时作为学分计算；制作手机端移动创业课堂，给予一定的流量补贴，激发学生随时随地学习创业课程；建立校方创业联系群，让创业者有问题随时得到解答；建立创新创业教育大讲堂，定期举办活动，逐渐办成有影响力的品牌课堂等。

2. 基于互联网构建创业文化体系

高校可以结合学生自身特点成立创新创业教育社团，并以此为依托，不断加大人、财、物的投入，大力开展创新创业教育活动，形成较有影响力的品牌活动，营造良好的创新创业教育氛围；在校报校刊、校园广播、橱窗板报、校园文化长廊等各种媒介上开辟创业宣传阵地，对创业文化和成功创业事迹大力宣传弘扬，加大对学生成功创业典型的表彰和奖励力度，以此全方位激发他们的创业积极性。浓厚的创新创业教育文化氛围，可以在潜移默化中使学生的创业知识得到增加，创业意识得到提升，创业意愿更加强烈，从而促使大学生增加创业的内在驱动力，迈出创业的第一步，使自身的理想和专业技能有机结合，最终成功创业。

3. 基于互联网为学生提供资讯服务

在互联网技术突飞猛进的今天，谁不能很好地利用互联网技术，就可能会失去主动权。大学生是互联网的主流消费者，高校可以开发相关的手机客户端，及时推送有关创业知识和创业讲座信息等，让学生时时接受创新创业教育的熏陶，感受创业的魅力；建立网上创业答疑系统，随时解答学生的提问；建立本校的创业联系群，让有志于创业的学生能够充分交流沟通，信息共享；加大投入，建立企业家与学生互动交流的平台系统，让企业家与学生能实现实时互动，学生也可以通过平台找到合适的企业进行创业实习。

4．基于互联网构建创业实践体系

创业是一种实践性很强的活动，高校要利用"互联网＋"技术设置一系列创业实践活动，改变传统的实践方式。例如，构建线上线下创业实践平台、网上模拟创业；校方可利用"互联网＋"技术建立网上大学生创业园，组建学生创业公司，线上线下实战经营；建立远程创业视频系统，与创新创业教育专家和创业成功人士互动交流。同时，创业实践活动要突出"创造性、实践性"特色。

实践基地应由相关主管部门牵头负责，通过建立长效机制来保障实践基地的有效运作，通过建立相关的考核制度来促进学校各部门参与到学生的创新创业教育工作中来。要把创业实践基地纳入日常教学管理工作中，进行相应的预算投入，在人、财、物等方面来保障实践基地在创新创业教育中发挥实效。

5．基于互联网构建创新创业教育评价体系

以往研究中，创业综合素质、创业能力的提高、创业学生的数量等三方面指标不能全面反映创新创业教育的实际状况，为更好地确定创新创业教育实施情况和最终效果，需利用"互联网＋"技术建立以创业率、创业成功率、创新创业教育影响力等因素为核心指标的创新创业教育评价体系；建立相关模型，用大数据分析法，得出科学结论，以推进高校创新创业教育健康持续发展。

二、大学生创新创业路径模式

（一）大学生创业路径的演绎规律

大学生创业者在创业实践中不断地从变动的市场环境中学习和模仿，创业模式是一个伴随着创业者学习曲线和外部环境变迁而不断演化的过程，必须从动态和演进的视角审视大学生创业模式。大学生创业模式的动态演化过程强调内部创造力与外部机会、外部资源的不断优化重组，不同类型的初创模式具有不同的特征和资源能力，因而其各自的演化和成长路径也是不一样的。根据不同类型的初创模式所具有的不同特征和资源能力，可以将创业模式的内生演化分为五种不同的路径：①从连锁复制型创业模式向概念创新型创业模式演化。②从技术驱动型创业模式向概念创新型创业模式演化。③从积累演化型创业模式向概念创新型创业模式演化。④从积累演化型创业模式经由连锁复制型创业模式向概念创新型创业模式演化。⑤从积累演化型创业模式经由技术驱动型创业模式向概念创新型创业模式演化。

（二）学生组织拓展大学生创业路径

大学生组织在对学生进行引导、教育、管理时，需要充分发挥学生自身的优势，从而更好地服务于大学生的创新创业活动，为创新人才创造一个健康的外部环境，利用新思维和新技术促进集创新思维、创新能力及创新精神于一体的大学生的培养。

1. 重要性和可行性

开展和促进大学生创业活动，可以充分发挥高校基层学生组织的自身优势，结合国家对学生的期望、社会对人才的需要、大学生自身的需求，推动经济、社会与个人的共同发展；也能通过鼓励创业促进就业，缓解大学生的就业压力，提高就业率；还能提高学生的综合能力，尤其是创新能力，促进创新型人才的培养。此外，对学生组织自身来说也能增加群众基础，获得大学生群体的拥护，从而提升学生组织的凝聚力，增强其核心竞争力。

大学生组织在加强自身组织能力建设、拓展职能（包括校园服务职能、社会职能）的同时能更好地服务于大学生的就业创业活动，为其搭建更好的平台。具体优势包括先进的育人工作理念、科学的学习方法、创新的行为模式、丰富的人脉资源等。大学生组织除了利用自身便利条件促进大学生的自主创业外，还可以通过主动探索先进的科教思想、科技产业，培养大学生的创新意识，提高大学生的创新能力，最终促进创新创业活动的高效开展。

2. 现状及其存在的问题

近年来，高校对大学生创业支持的政策越来越多，学校通过开展创新创业教育，开设创新创业教育课程，开展创业实践或模拟创业等形式服务学生，通过创建实践基地，提供实践机会来为学生提供创业帮助。大学生广泛参与自主创业活动对社会产生了良好的效益，既能提升学生自身的实践能力，谋求自身更好的发展，也能起到担当社会责任的作用，为更多的大学生创业起到榜样作用，此外还能促进就业。基于此，越来越多的学生毕业后也选择自主创业。虽然大学生创业的数量与日俱增，但实际上很多创业者因初入社会，创业资金匮乏，以及社会交际圈子狭小而以失败告终。

目前，大学生创业存在的问题主要有：创业就业体制还不够完善，来自社会的支持力度不够；创业者自身资金匮乏，管理经验不足，心理承受能力差及就业创业理念过于陈旧等；高校所提供的就业创业指导过于狭隘，指导内容和指导范围存在问题较多，大多停留在咨询和理论知识介绍阶段，缺乏实际的系统性指导规划等。

3. 具体促进方式

大学生组织应当充分发挥作用，发挥自身优势，挖掘潜力，竭尽所能为大学生创业提供服务。高校基层学生组织应当结合高校的高等教育规律、学校的人才培养工作、学生成长成才的内在需求，再结合学生组织的自身特点，促进大学生创业，为其提供更好的环境和条件，促使大学生想去创业、敢于创业、有能力创业、能成功创业。具体而言，基层学生组织可以从以下几个方面促进大学生创业。

一是在充分发挥思想理论优势的基础上，激发大学生的创业活力。高校基层学生组织有较强的组织性和思想性，其作为高校大学生的领导组织者，在大学生思想理论工作开展和优秀大学生培养工作上有丰富的经验和优良的传统，这也决定了基层学生组织应当把思想教育工作作为其首要职责。

二是充分利用各类学生组织覆盖广的优势，积极引导大学生创业。学生组织本身有较为完备的组织体系，所覆盖的层面也很广泛，整个组织架构也很清晰，纵向上从校学生会到院学生会再到各个班级，横向上则是各个独立的学生社团之间、院学生会之间，都是紧密联系着的，这种组织结构使得学生工作的开展更为方便、快捷，上层也更容易获得下层的信息反馈，能更好地掌握学生的需求，更好地为其服务。

三是利用学生组织的文化阵地优势，提升大学生的创业素养。要想提升大学生的创业素养，需要将新时期的大学生的特征与学生组织的文化特征相结合。新时期的大学生与以往的大学生不同，他们有更鲜明的心理特征，性格上天生就富有创新精神，对自我价值的追求较高，更富朝气，这对创业工作来说也是一大优势，但这种优势的实现需要学生组织的转化。在对待这一类大学生时需要采取合适的方式，既要保护他们的创业热情，还要通过一定的培养、培训提升其创业素养。实际上学生组织作为一个敢于突破传统、追求创新精神的先进组织，通过文化阵地的优势，能较好地处理好这一关系，更好地为大学生的创业活动服务。

四是充分利用学生组织作为载体平台的优势，增强大学生的创业能力。利用学生组织的平台优势主要是通过充分利用学生组织的校内资源，创建创业平台，举办创新创业教育和实践活动，以此增强大学生的创新能力和创新创业意识，提升其综合素质，降低创业的风险。要锻炼大学生的创业能力，需要先做好素质拓展计划和拓展训练。针对目前大学生普遍存在的不能吃苦、眼高手低、缺乏社会经验、缺乏合作意识等问题，积极开展素质拓展活动，通过组织各类社会实践和志愿活动，提升大学生的动手能力、社会责任感、社会经验和创新能力。

五是充分利用学生组织的社会资源，为学生搭建创业平台。高校基层学生组织因其广泛的组织体系而拥有丰富的资源，包括人力资源和资金资源。此外，又因学生组织的工作范围较广而社会化运作机制凸显，这为学生组织带来丰富的社会资源。学生组织应当充分利用这类资源为大学生创业活动搭建桥梁，推动大学生创业与社会各界共同发展，实现互利共赢。对大学生而言，能有更好的机会提升自身的组织能力、管理能力，积累创业经验；而对社会企业来说，能引进更多的先进人才，促进合作。在这一过程中，学生组织主要起到桥梁的作用，其向大学生主要提供的是校友资源和资金来源。此外，学生组织大多是通过社会捐助、基金等形式，为大学生创业提供资金，促进大学生创业项目的发展。

（三）社会支持下的大学生创业路径

相关学者研究发现，创业对于促进国家的经济发展、促进就业具有积极的作用。有人明确提出，大学必须与工商业界建立更加密切的联系，要把服务社会作为学校的重要职能，通过专利转让、创办科学园、合作研究项目等多种形式为社会经济与科技发展服务。我国也在积极创造条件，千方百计鼓励和扶持大学毕业生自主创业，制定推动创业的扶持政策和措施。但也要清醒地看到，当代社会目前还处于转型期，大学生创业者肩上的负荷更重，创业所需要的各种服务还不完善，创业政策还不能得到很好的落实，创业的制度环境还需要进一步优化，大学生创业的社会配套体系还需要进一步建立和完善。

1. 倡导创业精神

目前，社会中普遍存在着对创业的惰性，加之创新创业教育的缺失，又导致了大学生创业素质的缺乏，使许多大学毕业生不敢创业、不愿创业、不会创业、不能创业，这成为严重束缚大学生就业和创业的"瓶颈"，严重制约了大学生创业的积极性。因此，既要积极创造条件鼓励大学生立足现有岗位创业，又要积极营造有利于大学生创业的良好社会舆论环境，广泛宣传优秀创业者的创业精神，宣传大学生身边的典型事迹和致富经验，把他们的创业经验作为大学生创新创业教育的"活教材"，使每个人都为创业而感动而思考，引导大学生转变择业观念，增强自主创业意识。

2. 加强制度创新

在高等学校创新创业教育体系中，国家在高等教育方面的指导思想、政策导向、管理取向对高等学校创新创业教育的深化具有主导作用。当前，在构建与实施高等学校创新创业教育体系、进一步深化高等学校创新创业教育的进程中，国家及教育部门应进行宏观指导和推动。创新创业教育也应从娃娃抓起，着重培养青少年的创业意识，到了职业教育和高等教育阶段，主要培养学生的创业素质和创业能力，并把创新创业教育纳入国民教育体系、国家教育发展规划、教育振兴行动计划以及青少年思想教育、素质教育和职业生涯发展教育中。

3. 加大扶持力度

社会各界要积极思考如何更好地为大学生接受创新创业教育、开展创业实践提供有效服务和政策支持。这里需要特别指出的是，在对大学生创业制定政策时要从实际出发，他们是国家的未来，在他们身上寄托着社会的创业理想，对他们要特别关爱，政策制定或调整要更靠实、更优惠。同时，应进一步完善对大学生创业进行鼓励、支持、引导和服务的政策措施和工作机制，清除一切限制创业的体制性障碍，营造良好的法制环境，这里牵涉公共政策和法规机制、管理机制改革等问题。

4. 搭建创业平台

以前，创新创业教育的研究还主要局限在教育系统特别是高校内部，社会各界对创新创业教育的认识还很有限，高校有"孤军作战"之感。相比之下，当代高校开展创业教育的社会环境就好得多，正逐步形成一个完整的社会体系和教育研究体系，不仅包括普遍开设的创业学课程，还包括高校创业中心、各种孵化器、科技园、风险投资机构、创业培训机构、创业资质评定机构、小企业开发中心、创业者校友联合会、创业者协会等，形成了一个高校、社区、企业良性互动式发展的创新创业教育生态系统，有效地开发和整合了社会各类创业资源。同时，高校与企业紧密联系，企业乐于接纳学生开展项目研究，学生的研究成果也为企业的发展提供了帮助。另外，在搭建创业平台以及建立与完善大学生创业的社会配套体系方面，政府仍应发挥重要的主导和协调作用。

第一，要形成以政府为主导、高校为主体、企业为支撑、全社会配合与家庭支持的"五位一体"的创新创业教育新格局。

第二，在政府的积极鼓励和扶持下，建立起若干个创新创业教育非营利性第三者组织，为高校创新创业教育提供支持，分解高校创新创业教育的工作压力。

第三，积极扶植大学生创业的中介机构，使之为大学生在创办企业、产品开发、科研成果转化中寻求相关企业、资金的支持，以及在法律、政策咨询等多方面为大学生创业架通桥梁，搭建创业平台。

第三章　构建创新创业教育实践教学体系

第一节　建设现状

一、创新创业教育

目前，相对来说，学术界较为重视高等教育中基础教学、科研培养等方面的研究，而实践教学这种培养大学生创新创业能力的教育模式的研究则较为薄弱。总体来看，无论是从研究广度、研究宽度还是研究深度方面，都比较欠缺。多数研究显得零散、单一，局限于传统的视角和领域，一般性、普遍性问题的研究较多，而缺乏系统性、普适性的探讨。尽管如此，随着近年来学者们的不断探索，创新创业人才培养问题和实践教学中体系的构建逐渐成为研究的热门问题，积累了此领域相当丰富的知识与经验，产生了许多值得借鉴和参考的有价值的研究成果。

（一）创新创业能力的含义

1. 创新能力的含义

创新的社会学解释是指：人们为了发展的需要，在前人已经发展或发明成果的基础上，不断突破常规，提出新的见解、开拓新的领域、解决新的问题、进行新的运用、创造新的事物。创新能力是实施创新行为所具备的本领或技能。

对于创新能力的含义，不同的学者对其的理解和使用有很大的差异。有的学者指出创新能力是指利用已积累的知识和经验经过科学的思维加工和再造，产生新知识、新思想、新方法和新成果的能力。有的学者认为，创新能力的本质在于创新，具体表现为产生某种新颖独特、有社会价值或个人价值的思想、观点、方法和产品的能力。还有的学者认为，创新能力是个人知识储备、创新思维和创新个性的多维、多层次的综合表征，其中，知识储备是创新能力的基础，创新思维是核心，创新个性是保障。尽管不同学者从不同的角度理解创新能力给出的定义差别比较大，但它们都有助于人们科学理解创新能力的含义。

综上所述，在本书中，笔者理解的创新能力的含义为：创新能力是指创新主体利用已有的知识和经验，具备的能从事创新活动的思维和能力。

2. 创业能力的含义

创业能力，是在 1989 年联合国教科文组织的一次会议期间提出的。会议指出："要求把创业能力教育提高到目前学术性和职业性教育所享有的同等地位。创业能力教育要求培养思维、规划、合作、交流、组织、解决问题、跟踪和评估的能力。"

对于创业能力的含义，相关学者主要有以下几种认识和表述。有的学者认为，创业能力不仅暗含很强的实践性，需要有一定的实践经验，同时也包括了较强的综合能力，需要具备较高的综合素质，它是集创造性和自我开发与实现的一种特殊的创造力，它是专业职业能力、经营管理能力、综合性能力三种能力的结合。有的学者认为，创业能力是指一种主体的心理条件，它可以影响创业实践活动效率，促使创业实践活动顺利进行。换一种话说，创业能力是一种以人的智力发展为核心，兼具较强综合性和创造性的心理机能，是经验、知识、技能经过类化、概括化后形成的，在创业实践活动中反映为复杂而协调的行为过程。还有的学者认为，狭义的创业能力指自主创业能力，即除工资形式就业以外的自我谋职的能力，以及顺利实现自主创业的特殊能力，包括个体自身的一些特质，如创业品质、专业技能、信息处理能力、决策应变力、环境适应力等。

从以上关于创业能力的观点来看，不少观点都值得借鉴。笔者比较赞同的是：创业能力是一种实践性、综合性很强的，有创造性特征，具备自我开发、自我实现性质的，以智力为核心的特殊能力。

（二）创新创业能力的培养

1. 创新创业能力的内涵及构成

以"创新创业能力"为主题的研究文献有很多，但是学者们在研究中很少提到创新创业能力的内涵，大多数是从创新创业教育角度来讨论的，主要有三种看法，一种理解是将创新创业能力等同于创新教育中培养的创新能力；第二种理解是将创新创业能力等同于创业教育中培养的创业能力；第三种理解是将创新创业能力理解为创新能力与创业能力的结合，是兼顾创新能力和创业能力并以创业能力为落脚点。根据本书的研究，对上述关于"创新能力""创业能力"的含义进行归纳和总结，笔者认为，"创新创业能力"强调的是学生的基本素质、创新精神和创造性思维，同时注重学生的理论知识和实践能力，尤其是自我创业意识和创新操作能力，具备能够独立自主地去发现问题、解决问题，并提出自己的新观点的能力，同时又具备创业意识以及对创业有所追求的理想。简单来说，创新创业能力指的是一种既具有实践能力、创新能力又具备创业潜能的复合型能力。

大学生从事创新创业活动，需要各种能力，绝不是单凭一种能力或某几种能力就能达到预期目标的。要使创新创业主体能发现问题、解决问题，提出自己的新观点，构思和创造有价值的东西，就必须使创新创业能力各要素联合成一个整体，发挥创新创业的综合效应。

（1）智力是创新创业能力的基础

智力是人们认识客观事物并运用知识解决实际问题的能力。知识是对事物属性与联系的认识，是人们在社会实践过程中积累起来的经验。智力包括很多方面，如观察力、记忆力、思维能力、应变能力和分析判断能力等。这些都是认识活动所必须具备的一般能力。一般的智力转化为创新创业能力，要求主体在创新创业活动中对智力因素进行有机整合，这种能力主要包括信息获取能力、创新操作能力和开创事业的能力等。

（2）创新素养是创新创业能力的核心

丰富的知识要转化为能力，并在实践中产生新的成果，关键在于创新素养。创新素养包括创新意识、创新精神和创新思维。创新意识指的是创新思维活动的起点，是使个体产生创造行为的内驱力，是创造的意图等思想观念。创新精神指的是创新者所具备的智力与非智力心理品质的有机结合与升华而产生的实际创造动力。创新思维是指创业者在创新过程中，所产生的对新事物的认识活动，它具有多向性、形象性、突发性等特点。

（3）创业潜能是创新创业能力培养的动力

创业潜能存在于创业意识和创业精神层面，是在一定社会环境和教育条件影响下，形成的与他人不同的较固定的态度和行为特征，是思维和行为相结合的体现。培养创业意识，主要包括形成创业需求、动机、兴趣、信念等；培养创业精神，主要包括形成坚韧性、敢为性、独立性、合作性等心理品质。

2. 创新创业能力培养的内容和意义

大学生是最具有创新创业潜力的群体之一，高校应该深入学习科学发展观和建设创新型国家的内容，深化教学改革，培养大学生创新创业的能力，这是落实"以创业带动就业，提高创业能力"，促进高校毕业生充分就业的重要措施。

基于前文对创新创业能力的内涵及构成的分析，笔者认为培养大学生的创新创业能力应包括五个方面的内容：①实践动手能力。使自己面对问题时，具备发现问题、分析问题和解决问题的能力。②创新性思维能力。能用专业术语表述新问题，具备发现事物规律性的能力，具备发散性思维和非逻辑思维能力等。③能独立思考、独立判断和独立从事科研活动的能力。④学术交流能力。能将研究成果以专著或学术论文的形式表达出来，将新的思想或知识传递给他人的能力等。⑤创业潜能。在使自身的实践能力和创新能力有一定高度的时候，具备能激发自身创造力来开辟新事业、新行业的潜在能力。

对于大学生创新创业能力培养的意义，可以概括为以下三个方面。

（1）国家发展的需要

在当代，国际竞争的重点已转化为经济和综合国力的竞争，归根到底是科技和人才的竞争。谁拥有具备创新型的人才，谁才能在国际竞争中取得更大的优势。创新是一个民族进步的灵魂，一个国家兴旺发达的动力。建设创新型国家的决策，是事关社会发展的重大决策。创新型国家的建设需要具有创新创业能力的人才。培养创新创业人才，大力推进理论创新、制度创新、科技创新；大力培养大学生创新创业能力是高校的首要任务和关键措施，能够有效地推动创新型国家的建设。

（2）缓解就业压力的需要

随着高校的扩招，大学生就业压力越来越大，就业形势相当严峻。通过创新创业教育能够有效缓解社会就业压力。因此高校全面开展切实有效的创新创业教育，培养大学生创新能力，激发其创业潜能，引导和帮助越来越多的大学生加入到创新创业队伍中来，使大学生成为为社会创造价值的创业者，由寻求就业岗位的就业者变成提供就业岗位的创业者，能够有效缓解大学生的就业难题。

（3）大学生自身发展的需要

敢于创新，追求个性，有着强烈的自我意识，渴望实现自我价值，是当代大学生的时代特征。培养大学生的创新创业能力，使他们更加注重自身综合素质和能力的提升，为他们实现自身的发展提供了条件。大学生可以通过创新创业活动，选择适合自己发展的领域，突破和创新自己的想法，从而实现自己的人生价值。

二、实践教学体系

（一）实践教学与教学体系

著名学者对实践教学有一个明确的解释："实践教学是相对于理论教学的各种教学活动的总称，包括实验、实习、实际设计、工程测绘、社会调查等。旨在使学生获得感性知识，掌握技能、技巧，养成理论联系实际的作风和独立工作的能力。"这种对实践教学的定义是从其内涵和外延来理解的。

按照系统论的思想，教学体系是指为了达到教育目标，而由教学活动相关要素构成的，并以一定稳定结构形式存在的，实现特定教学功能的，相互影响、相互作用的有机整体。对于教学体系的构成要素，有经典的三要素说，即"学生、教师和教材"，但是现在大部分学者认为教学体系的构成除了学生、教师和教材外，还应包括教学目标、教学内容和教学环境。

（二）实践教学体系的内涵

实践教学体系是一个有机的整体，大部分学者都认为其有狭义和广义的内涵之分。广义上，由目标、内容、管理、评估体系等要素构成实践教学体系的整体，而狭义的实践教学体系是指实践教学的内容体系。本书以广义的实践教学体系内涵作为参照，但并不局限于其设定的目标、内容、管理和评估四大要素。笔者把实验、实训、实习、毕业论文等环节列为实践教学活动，并把体系的管理、评估、条件保障作为实践教学体系的环境资源来加以重新梳理。笔者认为，实践教学体系是以实践教学人才培养目标为核心前提，以实践教学活动为主体内容，并以相应环境资源作为支持条件的一个有机联系的整体。

三、构建实践教学体系的理论基础

实践教学是和社会诸多领域有着紧密联系的实践活动，实践教学体系的构建也涉及各种与之相关的要素。在综合考察实践教学内涵的基础上，笔者认为实践教学与学习论的思想密不可分。它们不仅为实践教学体系设计提供理论指导，也为人们认识教育本质、确立教学目标、选择教学内容等教育问题提供重要的理论依据。

学者们对学习的探讨从未停止过，无论是行为主义心理学创造的"刺激—

反应"学习理论，还是认知心理学家对人类认知过程及组成因素的研究，社会因素和个体因素已经成为学者们关注的焦点，特别是建构主义学习理论对教育思想产生了重大的影响。

建构主义学习理论认为，知识、技能不是被动积累的，而是学习者积极实践的结果。知识、技能的建构必须从激发学习者的学习动机开始，而传统的教育模式往往是先理论后实践，实践能力弱的学生在社会上缺乏核心竞争力。因此，必须确立实践教学在创新创业人才培养过程中的主体地位，学习者的学习过程要关注知识、技能的连贯性和教学内容的情境性。使用情境教学方法，能使学习内容具有真实性任务，使学习行为在与现实情境相似的情境中产生。实践教学是符合情境教学要求的，能使学生通过具体的社会实践、实训、实习等实践环节，在解决具体问题情景中，积极主动地建构自己的理解过程、创造过程。

四、实践教学体系的重要作用

高校通过实践教学，培养的是学生的实践动手能力和发现问题、解决问题的能力，在当代创新创业人才培养的要求中，学生创新创业能力的核心就是创新，创业是在具备一定程度的创新基础上升华得到的。实践能力是创新能力发展的基石，高校构建面向创新创业能力培养的实践教学体系是符合现代教育要求和社会人才需求的。

（一）理论结合实践的重要手段

学以致用是人们从古至今都崇尚的知识获取和使用的目标，而实现学以致用目标的过程就是通过实践教学。实践教学培养学生运用知识、创造知识的能力，使学生能真正发挥理论指导实践的作用，为学生毕业后进入社会工作创造必要条件。

（二）教学体系的重要组成部分

高校教育教学的培养目标和专业人才的培养目标的实现，都离不开实践教学这一举足轻重的关键环节。实践教学培养的是学生的实践能力、创新能力和创业潜能，而只有通过实践教学体系才能更加系统化地发挥实践教学的作用，也是学生能力发展的必要条件。

（三）创新能力培养的基础

学生创业潜能的激发离不开创新能力的积累，创新能力的积累离不开实践能力的提升。没有实践能力，创新能力是不可能得到发展的。学生在实践中不断积累自己的实践经验，形成良好的创新意识，无形中就会使自己的创新能力逐步提升。

（四）促进学生的全面发展

在当代，国家的发展靠人才，人才综合素质的提升是一个国家综合国力提升的表现。国家培养学生的综合素质，正是靠学生进入社会前，通过实践教学来逐步促进学生全面发展的。

第二节　建设策略

一、高校实践教学体系存在的问题

近年来，各大高校纷纷加大对实验室的建设投入以改善实践教学条件，积极开展实践教学改革，这不仅有效促进了学生实践能力和创新能力的提升，还为实现创新型人才的培养目标奠定了坚实基础。然而，在高校实践教学改革的探索阶段，仍然存在着一些问题。

第一，对实践教学的充分认识和重视程度还有待进一步提高。目前一些高校受传统教学模式的影响，重理论轻实践、重知识传授轻能力培养，实践教学长期处于高校教学活动中的次要地位。在高校目前制订的人才培养方案中，以理论课程的知识能力培养为主，以实验环节的实践能力培养为辅，这种实践教学定位和人才培养模式已经难以满足学生实践能力和创新能力培养的需求。实践教学活动一方面使学生将理论知识联系到实践中解决实际问题；另一方面又能锻炼学生发现问题、分析问题和解决问题的能力，这些是理论教学难以替代的。因此，高校需要尽快转变教学观念，确立实践教学在创新型人才培养过程中的主体地位。

第二，高校实践教学改革缺乏整体规划。很多高校把实践教学体系构建的重点放在了实践教学活动上，虽然设置了实验、实训、实习等多种实践教学环节，且各个环节具有一定的时间保证，但是各环节之间缺乏有效的内在联系和有机结合，这种无序的状态，与创新型人才培养目标有较大的差距。实践教学体系作为相对完整的教学体系，具有相对独立性。在建设、实施的过程中，应避免孤立性、片面性，高校需要紧紧围绕专业人才培养目标，运用系统性思维和整体优化思想指导实践教学体系的构建。

第三，实践教学体系构建需要挖掘与之相适应的环境条件。与高校理论教学相比，实践教学活动的开展需要投入更多的人力和物力，不仅受到实验设备、实验场所和实践教学师资等条件的限制，而且还需要得到社会、企业的支持，操作起来难度较大。在师资队伍培养方面，缺乏具有过硬操作技术经验的实验老师；在实践教学硬件设施的建设方面，实验室建设、设备更新、实验条件改善都需要大量的资金投入，一些有能力的高校虽然建设好了实验室，但是缺乏合理的运行和共享机制；在实践基地的建设方面，许多高校建立的校外实践基地数量不足，且其中有相当一部分稳定性不高，难以使实践基地发挥最大的作用。

二、实践教学体系的构建原则

实践教学体系的高效运行必须考虑到多种要素间的相互作用。在综合了创新创业人才培养模式和实践教学体系特征的基础上，可以总结出在构建实践教学体系过程中需要遵循的一般性原则。

（一）目标性原则

高校实践教学体系的构建必须紧紧围绕培养大学生创新创业能力这一人才培养目标来进行，要把培养既具有扎实的理论基础，又具有较高创新素养和较大创业潜能的人作为实践教学体系的出发点。制定的实践教学体系人才培养目标应该根据高校人才培养计划、专业学科特点及发展规律及社会对人才的需求来进行明确的、有针对性的具体目标设定。

（二）系统性原则

高校实践教学体系的构建，应该根据高等教育的规律、人才培养特点，按照各个实践教学环节的地位、作用及相互之间的内在联系，运用系统科学的方法进行统筹安排。实践教学环节的时间安排上要保持连续性，要处理好实践教学与理论教学的关系，合理分配课时比例，保持整个教学过程的系统性。实践教学与理论教学要相互衔接、相互渗透，使体系内的各个环节协调统一，贯穿于高等教育的全过程。

（三） 层次性原则

大学生能力的发展是一个循序渐进的过程，遵循这一客观规律，实践教学体系也应分阶段、分层次逐步深化。其实践教学目标要由易到难，实践教学环节要由简单到复杂，实践教学方法要由单一到综合，分阶段、分层次循序渐进地加以构建。

（四） 实践性原则

实践出真理，因此，对实践教学体系的构建要有利于学生实践能力的培养，主要体现在实践教学目标要符合社会发展和人才需求，除培养学生的应用实践能力外，还要注重创新创业能力的培养，以满足学生自主发展的需要。在教学内容上，应突出知识更新的要求，以实践、实训活动为主导，模拟真实的环境来开展实践教学。

三、 面向创新创业能力培养的实践教学体系

（一） 实践教学体系的结构内涵

实践教学体系的构建是以实践教学人才培养目标为核心前提，以实践教学活动为主体内容，并以相应环境资源作为支持条件的一个有机联系的整体。所以在构建面向创新创业能力培养的实践教学体系时，培养大学生创新创业能力作为实践教学人才培养目标与实践教学活动以及配套的环境资源构成了体系中三大要素，这三大要素各有内涵又相互联系、相互促进。

（二） 实践教学体系构建的目标导向

创新创业人才培养目标是高校实践教学体系构建的目标导向，也是其核心前提。这指的是在实践教学体系的构建中，要把培养学生创新创业能力作为实践教学人才培养目标，把创新创业人才培养目标贯穿于实践教学体系的每个环

节中，通过实践教学活动培养学生的实践能力、创新素养和创业潜能，使学生面对实际问题的解决能力和综合素质得到提高，使学生做到德、智、体、美全面发展。

1. 培养理论联系实际的能力

实践教学的首要任务就是要求学生能将理论知识与实践动手能力相结合，将课堂教育与社会实践相结合。这样在学生进入工作以后，能够学会理论联系实际，充分利用理论知识，指导思想，去观察、处理问题，解决实际工作中遇到的现实问题。

2. 培养发现问题、解决问题的能力

在很多用人单位看来，现在的大学生发现问题、解决问题的能力并不理想。因为实践经验的缺乏，在工作中很难发挥高学历知识教育的优势，因此要通过实践教学，积极调动学生的观察力、理解力和思考力。

3. 培养创新能力、激发创业潜能

创新对当代人才培养的意义尤为重要。在日新月异不断变化的世界环境中，具备创新能力的人才才能发挥举足轻重的作用，为社会发展做出贡献。通过创新能力的不断提升，能够使学生富有创造力，激发创业潜能，开辟新的行业和领域。

高校要依据自身的学校定位，适当调整各学科教学计划，以培养学生创新创业能力教学理念为指导，突出实践教学体系各环节的连贯性和整体性，完善实践教学内容，积极培养学生的实践能力，满足新时期学科专业发展对专业人才的需要，力争实现创新创业人才培养目标。

四、实践教学体系构建的主要内容

按照不同的教学目标，遵循实验内容深度的递进，实践技能层次的递进，综合应用水平的递进原则，实践教学活动主要包括基础实践阶段、专业实践阶段和综合实践阶段三个层次阶段。通过这三个实践阶段，学生可以合理地、循序渐进地参与实践教学活动，将创新创业人才培养目标和实践教学内容具体落实到各个阶段中，达到学生实践能力、创新能力的培养要求。其中，每个层次阶段都有不同环节的实践教学活动。

基础实践阶段是专业能力初步锻炼的阶段，对加深理论知识的理解、弥补课堂教学的不足起着重要作用，是专业实践阶段的前提。基础实践阶段主要包括课程实验、社会调查和参观见习三个部分，重点培养学生的基本技能和基础实验能力。课程实验的教学目标是以理论知识为支撑，使学生具备以操作能力为主的基础实践能力，通过实际操作和应用来发现和解决问题；社会调查通过实地调查研究，促使学生去验证和解决课程中遇到的理论性问题；参观见习的目标是增长学生自身专业知识的见识，主要通过老师带团参观与专业相关的校外单位等方式进行。

专业实践阶段是在经过专业知识的系统学习之后，开始把所学知识运用到科研探索中，强调专业实践的重要性，是对学生科研能力培养的有益尝试。专业实践阶段主要包括课程设计、项目实践和专业实训三个部分。课程设计对培养学生提出、分析和解决问题及初步形成科学研究的专业综合能力起着重要的作用，是巩固所学理论知识的重要途径。学生的课堂学习时间有限，不可能完全掌握学科专业知识，所以项目实践环节可以使学生根据自己的特长，选择感兴趣的某一专业项目，在教师的指导下，以项目小组的形式组合在一起学习和研究，通过互帮互学，培养团队精神和融会多学科知识的能力，并且培养学生的设计实验的能力。专业实训主要采用校企结合的形式，由学校老师和企业老师带队，走到实际的工作环境中去，让学生亲身体会到未来的工作状态，帮助学生及早适应工作环境，使其满足行业需求，是连接校内学习和企业需求的桥梁，也是毕业实习的一个提前模拟。

综合实践阶段主要包括科研竞赛、毕业实习和毕业设计三个部分，重点培养学生的综合实践能力和创新能力。在科研竞赛中，学生在学校指导教师的辅导下，参与课题研究、科研立项和大学生创新性实验项目等学术活动，也可以参加本专业的各项竞赛活动等，锻炼学生把理论知识与实践相结合的能力。为了能让学生在毕业实习的时候尽快进入工作状态，适应真实的工作环境，毕业实习是学生自己到相关企业部门中去，真正投入到实际工作中，发挥自己的综合能力，解决问题，给企业创造经济效益。学生在毕业实习中，积累工作经验，为就业做准备。毕业论文是和毕业实习相辅相成的一个实际活动，毕业论文的主题来自学生对毕业实习过程中专业知识的总结和升华，能体现出学生的科研能力和创新能力。

五、实践教学体系构建的环境资源

实践教学体系的构建必须有一系列教学硬件和软件的支持，才能保障实践教学的顺利开展，这些软件和硬件就构成了实践教学体系的资源环境，其主要包括实践教学体系构建的前提条件、环境保障、质量保障等方面。

（一）前提条件

构建适合创新创业型人才培养的实践教学体系必须要有与之相适应的实践教学管理机制作为其前提条件。其管理机制包括三方面内容：①分级组织管理。高校实践教学管理实行校、院二级管理体制，由学校负责对实践教学制定相应的管理办法和措施，各二级学院作为办学实体负责实践教学的组织和实施。②教学制度管理。完善实践教学制度，需要实行"弹性学分制"，保证学生获得学分途径的多样性和灵活性，促进学生创新能力的最大化发展。③运行评价管理。建立起包括学科专业资源、软硬件条件、校内外实训实习基地等实验教学资源有效利用和共享开放的机制，保证实践教学资源得到最大的有效利用，为实践教学活动的开展提供可靠的保障。

（二）环境保障

实践教学基地建设可分为校内实训基地建设和校外实习基地建设两个方面。校内实训基地主要是面向本校师生，采取校企结合的模式，在校内开设企业培训课程，进行企业模拟实践项目，能体现学校管理和专业特色的实训场所。校外实习基地需要依托企业的老师，按照企业生产实践的真实需求，参与学生的校外实习教学环节的管理和指导工作。良好的实践环境是培养学生实践能力和创新能力的重要基础，所以高校应该确立以校内实训基地发展为核心，扩展校外实习基地，采取校内外共建相结合的思路，为推进高校实践教学改革提供基本环境保障。

（三）质量保障

近年来，很多高校开始认识到，实践教学人员已不再是传统观念中的教辅人员，而是教学活动的主体。实践教师队伍素质的高低，直接关系到学生实践能力、创新能力培养的好坏，因此高校要加强实践教学师资队伍的建设，以适应新的实践教学体系要求。高校要抓好"双师型"实践教学师资培养工作，通过各种培训、培养途径，使他们既具备扎实的基础理论知识、较高的教学水平，又具有很强的专业实践能力。同时，建立完善的考核体系，鼓励教师参于实践教学工作。

第三节　构建支持体系

一、基本思路与原则

互联网快速发展的今天，大学生创业遇到了许多困难，有资金方面的、政策方面的、技能方面的，还有服务方面的。虽然一些高校开展了大学生创业培训，但是仅靠这些是不能很好地为大学生成功创业服务的。支持服务高校毕业生创业是一项系统的工程，需要一个完整、成熟的教育服务支持体系。目前我国尚未形成一个完整的创业支持体系，而在部分国家除了有先进的创业教育体系和完善的理论支持外，还有比较系统完善的支持大学生创业的政策，为大学生创业提供了有力的保障。因此，可以借鉴这些国家的经验，并结合目前我国大学生创业服务体系中存在的不足来完善创业支持体系。完善大学生创业支持体系是一个漫长艰辛的过程，绝不能为了求快求方便而照搬照抄国外先进的创业支持体系，忽视我国的具体国情，应该本着实事求是的原则，吸收经验，在实践中不断完善大学生创业支持体系，以切实保障和落实大学生创业相关的服务工作。

二、大学生创业支持体系的构建

高校要建立一个以家庭、社会、国家为基础的，适合社会需要，符合大学生当下要求的，较为全面的创业支持体系，以帮助大学生更好地认识创业的方方面面，帮助大学生克服在创业过程中所遇到的困难。全面支持鼓励大学生充分地发挥自己的主观能动性，创新思想、突破自我、积极创业，为展现大学生自身的真正价值、促进社会经济快速发展而努力。

（一）构建完善的创业政策支持体系

在如今良好的经济环境中，有着潜在的、巨大的创业机会。然而在现行的经济体制下，仍然有许多不完善的地方，大学生创业如果一味地靠市场去主导，初出茅庐的大学生企业势必会举步维艰，从而影响到大学生再创业和其他大学生创业的信心和积极性。我们应该从各个方面制定一系列政策和措施来鼓励大学生创业，方便大学生创业，保证大学生创业，使其真正成为促进经济发展的重要力量。

1. 创业鼓励

政府、高校、社会组织等在制定各项政策鼓励大学生创业的同时，要让尽量多的大学生了解和知道这些政策的存在。以前的情况往往是政策虽在，但无人知晓，有些大学生会因此放弃创业的念头。社会各界应该通过各种媒介深入宣传鼓励大学生创业的基本政策和措施，让广大有潜在创业想法的大学生通过了解这些鼓励政策来产生心灵上的共鸣，从而将创业理想转化成创业现实。同时，要深入报道大学生创业成功的典型案例，树立创业者在大学生心中的典型形象，建立一个十分轻松、友好的创业氛围。社会各界也应该加强合作，开展一些适合大学生创业的社会活动，给予大学生适当的创业奖励，增强他们的创业积极性。

2. 税费减免

政府和社会各界要方便大学生创业，就要在税费上下功夫，适当简化大学生创办企业和企业运营中的各项程序，减免相应的行政管理费用，减轻企业的负担，同时在各项税费中给予大学生企业更高比例的优惠。

3. 技术支持

大学生企业在创办后很可能会遇到一些核心的技术问题而阻碍其进一步发展，这时候需要制定相关的法律法规保证大学生企业核心技术的获得，特别是要求国有企业和知名企业在条件允许的范围内尽量和大学生企业进行技术交流，在技术层面给予大学生企业一定的援助。高校的科研院所也可以成为帮助大学生企业改良技术的有力平台。同时大学生企业在产品获利后可以反哺学校的科研，进一步促进高校的科研水平，从而形成一个"教学—科研—产出"的良性循环。

4. 项目支持

大学生企业在创办之初尽管有好的发展前景、运营模式，如果没有好的项目，不能营利，仍然不能使其长久地生存发展。大学生刚刚毕业没有足够的关系网和社会网，市场渠道的不畅会导致大学生创业的失败，政府和社会组织应该正确、合理、积极地引导，分配一定比例的采购项目给大学生企业，帮助其顺利拿到订单。

（二）构建完备的创业教育支持体系

高校作为大学生创业前期理论学习的场所，对于培育大学生相关的专业理论知识、创业基本技能及大学生的艰苦奋斗、持之以恒、敢于创新的企业家冒险精神有着十分重要的作用。相关部门如今对高校的创业教育十分重视，并且确定了多所高校作为创业教育的试点学校来实施创业教育。然而由于各方面的原因，这些举措都没有很好地执行和推广下去，导致大学生创业积极性不高，创业理论知识储备不够，创业者基本素质没有得到很好的锻炼。创业教育是成功创业的重要因素，我们有必要大力开展创业教育，为大学生创业奠定理论基础。

1. 纳入学分

高校要把创业教育纳入学分体制，使创业教育成为如同专业课一样的必修课，使尽量多的大学生接触到高校的创业教育。对创业教育任务的评估也会使高校的创业教育更加灵活丰富，各种创业技能、创业培训、创业活动的开展都将是大学生拿到学分的必要环节。因此，将创业教育纳入学分是高校进行创业教育的有效前提，有利于创业教育的普及。

2. 课程设置

在成功将学生带入创业课堂里后，如何让参与创业相关课程的大学生保持兴趣、积极投入，从而能够真正掌握相关的创业理论、创业想法就成了高校创业课程设置所要关注的问题。课程设置的核心问题一方面是在各个高校的各个特色专业和相关专业开设渗透性的创业课程，使类似于化工、机械、生物等理工科的专业和法律、文史等文科性的专业都有可以开展创业教育的切入点，并能够有机地结合文理专业，使学生和老师能够充分地交流，释放全面特别的创业理念；另一方面要考虑到绝大多数大学生更在意的是创业相关课程的内容和形式，可以摒弃以前传统应试教育中老师讲课、学生听课的模式，借鉴圆桌会议、创业课程试验、模拟商业谈判等创业课程形式，使学生能够充分地了解和模拟今后的创业流程，并在此过程中结合灌输相关的创业知识，使其在模拟试验中自觉地克服创业困难，培养冒险精神和创业品质。这不仅使高校的创业相关课程更加灵活生动有趣，也起到了培育大学生创业者素质的作用。

（三）构建强有力的创业资金支持体系

企业的创建、运营、维系都需要资金的注入，资金链状况的良好对于大学生企业正常健康的发展有着相当大的作用。资金困难是大学生创业的第二大难题，只有有效地通过各种渠道来引入资金，才能支持大学生将创业构想转化成创业成果。因此，建立和完善以家庭、学校、政府、社会为基础的资金支持体系对于大学生创业有着极其深远和实质性的影响。

1. 家庭支持

从对大学生创业基本状况的调查来看，超过 70% 的大学生的创业原始积累，也就是常说的"第一桶金"是来自于家庭、亲戚、朋友。这一方面说明在现行的金融市场上，想要通过商业信贷来支持创业还十分困难；另一方面也说明相关的法律法规和优惠资金政策还不完善，亟待出台。家庭支持还包括家庭对于大学生创业的精神支持，精神支持是指家庭赞同大学生的创业行为，减轻大学生毕业后成家立业、赡养父母等的经济负担，能够接受创业所抛弃的机会成本和创业失败的损失，相当于减轻了大学生创业负债的压力。这两方面的结合对于大学生创业初期生理和心理的压力有极大的缓解作用。

2. 学校支持

高校的资金支持可以有效减轻大学生创业的时间成本，缩短创业周期，使其在高校内专心于理论知识的学习、创业技能和创业品质的培养及创业计划和创业构想的实施。高校的资金支持可以从三个方面去实施：一是将科研成果进行商业化；二是举办高品质的创业竞赛进行创业奖励；三是直接设立创业基金。目前很多高校也相继设立了创业基金，这都使其成为创业教育和创业支持工作的示范学校，有力地支持了大学生创业。

3. 政府支持

大学生在创业初期遇到困难时最希望得到高校和政府的援助，政府对大学生创业的资金支持也可以从三个方面入手：第一，相应的资金政策。除对大学生创业减免相关的税费外，降低大学生创业的门槛，也是一种很好地减轻其创业负担的办法。第二，银行贷款。政府可以协调国有商业银行设定一定比例的商业贷款给大学生企业，贷款利率在各地做相应的调整，同时建立适合的担保预约制度，保证大学生可以相对容易地进行融资。第三，政府设立创业基金帮助大学生创业。

4. 社会支持

社会的资金支持主要是指通过市场上的一些民间组织及市场力量来帮助大学生企业融资，这是对大学生创业融资的一个补充。整合各方力量，对大学生企业进行融资援助，具体有三个方面的内容：第一，民间非营利性组织可以联合一些专门的机构投资者对项目较好的大学生企业进行风险投资，这是比较常见的一种投资方式，尽管是带有股权性质的投资，但机构投资者会在咨询、财税等各方面对大学生企业进行援助，这也是比较推荐的融资模式，增强了大学生企业的存活率。第二，可以组织一些企业来投资与其发展方向相关的大学生企业，作为加盟公司、旗下公司、技术联合等，这将对双方的发展起到积极的双赢效果。第三，直接资金援助或者直接贷款，但是可能由于资金数量小、利率高，所以贷款的大学生需要反复斟酌，有一定的局限性。

（四）构建完善的创业服务支持体系

助力大学生创业获得成功还需建立一套完整的服务支持体系，这为大学生创业起到良好的促进作用。

1. 创业基地

大学生在获得了创业资金、创业项目之后，往往需要一个固定的办公场地进行日常的管理办公、生产办公、科研开发办公等，而创业基地，有时候我们也称"孵化基地""孵化园"，就能够满足大学生这方面的需求。这种创业基地往往固定建在大学校园或经济产业园中，需要将自己的创业构想转化为创业产品并在市场上销售，如果不能将创业构想进行盈利化、市场化，那么大学生创业的失败则不可避免。由于缺乏市场经验和营销渠道，支持大学生创业需要政府、高校、社会的市场导向支持，除了在政策支持中提到的要拿出一定数量的采购合同给大学生企业，帮助其拿到订单外，也需要广大的社会力量将大学生企业所在领域的相关信息进行资源共享，最大程度降低信息不对称的情况。大学生创业者要在市场的引导下更好地了解自己从事的相关行业信息，确认自己的客户资源，完成市场细分，成功创业。

2. 管理服务

创业支持体系不仅要让大学生企业成功地建立，更重要的是如何让大学生企业健康成长，不断壮大。因此，管理服务水平的高低将直接影响大学生企业的后期存活率和发展状况。第一，在创业基地、高校创业园等设立专门的管理服务部门，对大学生创业者所遇到的法律、财税、会计等相关的企业基础常识提供咨询与援助，使大学生企业尽量少走弯路。第二，内部管理。内部管理是要让大学生创业者了解企业的产权结构和现行的企业组织结构，在合理的分配和设计下，能够让企业不产生纠纷和问题，从而让企业在创办后能够较为良好地运转。第三，对大学生企业的相关人员进行再培训。培训的内容是关于行业内的基本问题，包括在企业内任职不同的员工应该承担哪些相应的权利和责任并具备怎样的素质和能力，努力提升企业的核心竞争力，使大学生企业能够尽快做大做强。创业集群辐射效应使创业的大学生都在孵化基地进行创业，相互交流，提高了大学生企业的存活率。

三、大学生创业支持体系构建的对策建议

这些年来，社会各界对大学生就业创业给予了高度关注，纷纷出台了各种措施鼓励和引导大学生就业创业。随着政策效应的产生，大学生创业的热情不断增加，这为高校完善和实践大学生创业支持体系提供了实践平台。

（一）大学生自主创业形势

互联网能使创业成为一种生活方式，让创业教育成为一种思维，具有开放性、包容性。高校利用互联网技术平台可以实现不受时间、空间约束的立体式创业教育。

1. 政策制度体系的支持

随着社会经济的发展，国家越来越重视创业和创新，正在加快改革科技成果产权制度、收益分配制度和转化机制，让科研人员取得更多股权期权等合法权益，更好体现知识和创造的价值。同时，不断简化创业行政审批手续，降低

创业门槛，提高对创业和创新的扶持力度。另外，也正在大力破除技术壁垒、行政垄断的藩篱，营造公平竞争的市场和法治环境，构建支持创业和创新的制度体系。

2．经济发展的内在需求

大众创业、万众创新是经济增长的新引擎。当前，社会经济从高速增长阶段进入中高速阶段，传统依靠丰富廉价劳动力发展经济的方式已经无以为继，经济增长动力不足是经济发展最为核心的问题，必须要为经济发展找到新的引擎。随着经济向形态更高级、分工更复杂、结构更合理的新常态过渡，增长驱动力必须由要素驱动、投资驱动转向创新驱动，这既是社会经济发展的阶段性特征，也是现实选择。

3．全民创业的文化环境

受过高等教育的大学生正在成为社会劳动的主力军，他们思想上更开放，更具有国际化的视野，也深受互联网的影响，创新创业文化已经深入到他们每一个人的内心深处。创客文化也成为现今年轻人中流行的文化。随着国家的鼓励和推动，全民创业的文化氛围正越发浓厚。

4．个人价值实现的重要方式

创新创业为每个人提供了一个勤劳致富、实现梦想的公平机会，创新创业正在成为实现大学生个人价值的重要方式。

（二）大学生创业方向

1．利用电子商务线上创业

互联网为大学生创业提供了巨大且方便的平台，大学生可充分利用网络平台创业。大学生开店，一方面可充分利用高校的学生顾客资源；另一方面，由于熟悉同龄人的消费习惯，因此入门较为容易。

2．利用网络技能创业

大学生群体不乏网络高手，又身处科技前沿，有近水楼台先得月的优势，很多大学生创业企业的成功，就是得益于创业者具有网络和技术优势。有意在这方面创业的大学生，可积极参加一些创业大赛，获得更多的机会，以便吸引投资者的关注，如软件编程、网络服务、动画开发等。

3. 利用互联网进行在线智力服务

在智力服务领域创业，对大学生来说相对容易，智力是大学生创业最丰厚的资本。智力服务创业项目门槛较低，投资较少，比如家教、程序检测、设计、翻译等，一张桌子、一台电脑就可以开业。

4. 连锁加盟创业

据调查，在相同的经营领域中，个人创业的成功率低于20%，而加盟创业的则高达80%。对创业资源十分有限的大学生来说，借助连锁加盟的品牌、技术、营销、设备优势，可以以较少的投资、较低的门槛实现自主创业，如快餐业、家政服务、校园超市、数码快印等。

（三）大学生创业支持体系的构建

大学生创业的培育和引导，是一个长期的过程，除需要社会各个方面的共同努力外，更需要充分利用当下互联网经济发展势头，以互联网思维促进大学生成功创业。

1. 以互联网为载体构建高校创业教育体系

一是利用互联网技术构建适合大学生创业教育的课程体系。创业教育课程是创业教育理念的主要载体和实现创业教育目标的重要手段，是创业教育实施的主要途径之一。高校可以根据学生的特点和需要，利用互联网技术构建立体式、全天候、高覆盖的自助课程体系，如开发专门的创业教育网站，网站涵盖创业经典故事、创业网络课堂等；制作手机端移动创业课堂，给予一定的流量补贴，鼓励学生随时随地学习创业课程；建立校方创业群，让创业者有问题随时得到解答等。

二是基于互联网技术构建高校创业教育实践体系。创业是一种实践性强的活动，要利用互联网技术设置一系列创业实践活动，改变传统的实践方式。例如，构建线上线下创业实践平台体验、模拟创业；校方可利用互联网技术建立网上大学生创业园，组建虚拟学生创业公司，线上线下实战经营；建立远程创业视频系统，与创业教育专家和创业成功人士互动交流；创业实践活动要突出

"创造性、实践性"特色。

三是以互联网技术为支撑建立高校创业教育评价体系。创业综合素质、创业能力的提高、创业学生的数量等方面指标不能全面反映创业教育状况的实际，为更好地确定创业教育实施情况和最终效果，需利用互联网技术建立以创业率、创业成功率、创业教育影响力等因素为核心指标的创业教育评价体系；建立相关模型，用大数据分析法，得出科学结论，以推进高校创业教育健康持续发展。

2. 培养大学生创业理念和创业能力

高校在传授专业知识的同时，应将创业教育纳入高等教育的课程体系，创新人才培养方案，使创业教育成为大学生的必修课程，进行系统的传授，培养大学生的创业意识和创业能力；在实习阶段，对有创业意愿和创业能力的大学生，高校就业指导部门应及时将其推荐到大学生成功创业的企业或其他创业型企业中进行学习交流和实习实践，增加大学生对创业的感性认识，积累创业经验，增强创业自信。

3. 为大学生创业提供个性化扶持

相关部门在简化大学生创业审批、放宽注册资金和场所的限制、减免创业行政收费、落实税收优惠政策等基础上，还要结合大学生文化水平高、综合素质高、社会经验少的特点，引导其从事与所学专业或兴趣对口的创业项目，将个人兴趣、专业与创业方向结合起来，并成立由高校专业教师和企业家组成的"创业导师团队"，对刚起步的大学生创业企业进行一对一的帮扶。

4. 大力开展创新创业竞赛活动

社会和相关部门应通过开展"大学生创业创意大赛"和"大学生创新创业分享沙龙"等活动，鼓励和引导大学生将创意转化为创业项目，营造大学生创业的良好氛围，并以此活动为契机，搭建大学生与创业伙伴及创业投资人的线下沟通交流平台；高校或相关部门应针对大学生缺乏社会经验、人脉资源、企业管理经验和销售渠道等情况，根据不同创业大学生的专业优势和性格特点，积极组织协调多个大学生进行共同创业，各司其职，优势互补。高校应开展创业实训、模拟运作、孵化培育等公共服务，并鼓励和引入民间、社会力量组织专门的创业指导机构，为大学生创业者提供法律、投资、财会等专业咨询服务。

5. 充分运用互联网新理念

对大学生创业企业，特别是传统产业的企业，应充分运用互联网新理念，将传统企业与互联网完美融合，走信息化与工业化相融合的路子。对于大学生创立的小微科技企业，应充分利用互联网优势，为企业打造一个开放式创新平台，采取"众包"模式，汇聚全社会的创新力量，并以此为载体，为客户提供个性化的服务和体验，加快大学生企业创新和个性化发展步伐。

6. 基于互联网技术搭建众创服务平台

相关部门应适应新型创业型孵化平台的特点，简化登记手续，对"众创空间"的房租、宽带网络、公共软件等给予适当补贴，尽量降低搭建平台的成本，让大学生的兴趣与爱好转化为各种创意，通过网上"创客联盟"、网下"众创空间"等平台将其汇聚起来，逐渐把孕育于移动互联、根植于创业草根、适用于创新创意的空间，打造成培育创新人才和创新团队，在创意者、创新者及投资人之间实现信息对称、项目对接、资本对接的创新型创业孵化综合服务平台，努力把各种创新创意转变为现实。鼓励科技创业企业充分发挥网上"创客联盟"和网下"众创空间"平台的优势，集中开展技术难题攻关和创新创意研发，这样不仅能降低企业的科研成本，而且有利于营造"万众创新"的社会氛围。

7. 引导大学生进行电子商务创业

高校可以开展大学生网上创业模拟实训，提高创业人员的操作能力，打造大学生电子商务创业实践基地。积极引导大学生电商企业进驻电商创业园，为大学生电商企业提供电商培训、电商企业孵化和运营的一体化服务。相关部门可以对大学生电商创业实行以奖代补，并对创业初期的小微电商企业实行适当的社保补贴和场地租金补贴等。

8. 加大资金扶持力度

目前，高校毕业生创业的特点决定了毕业生们更需要风险投资，因为他们是刚毕业的学生，资金缺乏，融资是高校毕业生必须要解决的问题，不然创业就无法进行下去。为此，政府应该主动牵头，搭建大学生创业的融资平台，为其融资创造有利的环境，建立大学生信用体系，加快和完善市场体系建设，为大学生创办的中小企业建立成熟的融资、投资体系。另外，可以对帮扶大学生创业的社会企业给予一定的奖励，引导社会力量支持大学生创业发展。

相关部门应设立专门的大学生自主创业储备基金，重点资助具有一定科技含量与良好发展前景的大学生创业项目。同时，可考虑扩大大学生创业扶持资金的来源渠道。另外，充分发挥"种子资金"的带动效应，由政府出少量资金，带动社会和民间资金，成立"大学生创业风险基金"，再由第三方专业机构对申请资金的创业项目进行风险评估，通过评估后的创业企业可获得基金支持。政府和金融系统应支持大学生创业企业通过成熟的金融市场获得资金，为大学生创业提供更多资金支持。

9. 整合社会创业政策

梳理整合各类创业优惠政策，实现政策的普惠性，放宽对大学生创业的注册资金和场所的限制；落实税收优惠政策，加强大学生创业园建设；建立创业园人才信息库，提供园内创业大学生的信息交流平台；建立定期为创业企业提供与园外企业学习交流的机制，全方位、多层次地为大学生创业服务；依托大学生创业园和创业孵化基地，对有创业意向的大学生免费提供创业指导、创业培训、税费减免、小额贷款等服务；切实提高对大学生创业的政策服务保障能力。

10. 建设创业实践基地

创业环境通常指的是围绕创业成长发展而变化的，并对企业实时产生影响的一切因素的总和。创业环境具有区域性，不同的地方，社会结构、经济发展水平不一样，给予的优惠帮扶措施也不一样，这些因素都将对大学生创业企业产生重要影响。

大学生创业基地具有社会公益性质，应在资金上、政策上给予支持，创业基地要通过探索和开发满足市场需求的服务产品、服务方式，不断提高创业基地的自我生存能力和自我发展能力。要把政策性、公益性目标与基地的自主发展结合起来，积极寻求自主经营和可持续发展空间。

高校要加强大学生创业基地建设和高科技创业孵化器的建设，要建设专门的创业园，通过集聚效应降低大学生创业风险，提高其创业成功率，在大学生创业园区内建立完善的帮扶机制，引导社会力量、民间资本参与大学生创业。另外，通过孵化科技产品，加快项目转化，从而帮助大学生创业成功，促进大学生创业。要整合有限资源，有针对性地支持创业项目，形成规范的、科学的支持体系，从而为大学生创业搭建一个合理科学的支持帮扶系统。

11. 提供创业指导咨询服务

建立与完善中小企业社会化服务体系是相关法律的明确规定。中小企业社会化服务体系以服务社会各类中小企业为宗旨，以营造良好的经营环境为目标，为中小企业的创立和发展提供多层次、全方位、网络化、社会化服务。大学生创业支持体系就是这个网络的一部分，构建一个好的网络，才能够提供好的服务。

构建大学生创业支持体系，一是要树立以人为本的服务理念，从大学生创业的实际需求出发，不断完善和创新服务内容。服务的重点包括：为有意创业的大学生提供创业咨询、创业指导与策划、创业培训等服务；为新创办大学生企业提供财税、法律、劳保、外贸等代理服务，以及政策与信息服务，管理咨询服务，技术服务，融资指导服务，人员培训服务等。二是鼓励各类服务机构多渠道征集、开发创业项目，建立"创业项目信息库"和"创业者信息档案库"，及时为大学生创业提供服务，帮助大学生掌握基本创业技巧，指导制订创业计划书，规划创业项目，帮助其实现创业。通过多方面的指导帮助，采取多种形式来帮助大学生创业，构建合理的支持服务体系，使学生能成功创业。

建立高素质的创业教育培训的辅导员队伍是创业教育服务支持工作的基础。相关职能部门要把各行各业有经验的人组织起来，如优秀的企业家、法律专家、管理咨询专家等，为大学生创业服务。要建立创业辅导员选聘及管理制度，使其成为创业服务的重要力量。有条件的高校可以组织"专家咨询""创业服务志愿"活动，深入实际开展大学生创业服务。

12. 多措并举提升大学生创业能力

长期以来，由于传统的观念，大学毕业通常是读研，或就业、出国等，这样的培养模式束缚了大学生创业的思想和行为，创业教育和培训严重缺乏。为此，对大学生进行创业教育培训势在必行。创业培训教育是激发和提高大学生创业能力的重要环节。家庭教育同样缺乏对大学生创业进行教育。因此，为培育大学生的创业精神和理念，使其树立创新意识，高校必须改变传统的教育模式，转变职业观念，加大创业教育的力度，不断根据变化的形势，实时设置创业教育课程，把创业教育纳入教学计划，形成一个完善的创业教育课程培养体系，使学生的创业能力和潜力能充分得到发挥，形成良好的创业教育氛围，促进大学毕业生积极创业。学校还应该设立有关创业教育的激励机制，把教师的积极性也充分调动起来，不断指导帮助大学生创业，建立一套合理有效的目标体系，保障创业教育的顺利进行。

大学生创业教育是多方面的，仅靠高校本身是远远不够的，必须得到社会的大力支持、企业的鼎力相助。企业家走进校园为学生授课，讲授实战经验，为大学生创业进行指导；社会各界整合有限资源，有针对性地帮助大学生创业。只有在全社会营造良好的创业支持氛围，从支持大学生创业中受益，才能真正建立起社会的支持体系，大学生创业教育才能得到长足发展。

大学毕业生刚创业，一个很重要的方面就是缺乏实践经验，给他们配备创业导师是十分必要的。导师是校外的有实战经验的企业家或职业经理人等，对他们创业过程中遇到的问题能及时解决，使学生少走弯路，提供必要的帮助，并且能提高其创业成功率。具体措施：学校聘请相关项目的企业家，学生和导师相互了解，双向选择。这样可以加强对学生创业实践的针对性指导。

学校不仅要对创业成功的学生进行表彰，大力宣传，也要为创业受挫的学生营造包容鼓励的良好氛围，这样学生对创业就不会恐惧，就会把其当作一件平常的事情来做，压力更小，更有利于全心投入到创业项目中，就会有越来越多的人加入到创业大军中来。如举行创业经验座谈会、创业失败总结会，对创业失败者进行"把脉"，疏导其情绪，加强再培训等；可以建立创业受挫"发泄坊"，让其在一定范围内充分释放情绪，然后再重新整装出发，改进不足，完善方法，继续创业。

第四节　教学方法创新与科学评价

一、高校创新创业教育的教学方法创新

高校创新创业教育是相对于商学院或管理学院创业管理学科开展的"专业性"创新创业教育模式而言的，它的基本要求是"面向全体学生""结合专业教育""融入人才培养全过程"，着眼于创新创业教育的广泛性和普及性，使之惠及每一个学生，重在培养学生的创业观念、创业精神、创业思维和创业能力，而不仅仅是传授创业知识和技巧。创新创业教育是高校教育发展的主要趋势，

在具体实施这一教育模式的过程中，由于教育对象广泛、专业类别多样、培养目标分层等情况的现实存在，经常会听到教育工作者抱怨"学生太多了，只能讲讲算了，根本没有条件使用其他教学法"，这就在客观上造成当前高校创新创业教育尚存在"教学方式方法单一，针对性实效性不强"等现实问题。多数高校形成了教学模式"以教为主"、教学内容"以知识为核心"、教学方式"以第一课堂为主"的现实困境。缺乏行之有效的创业体验学习已经成为阻碍高校创新创业教育可持续发展的一个重要原因。本书充分考虑到创新创业教育的理论性、实践性和操作性，探索将案例教学法、体验教学法、项目教学法具体应用于创新创业教育的必要性与可能性，明确高校创新创业教育应用这些教学方法的组织形式、项目选材、考核评价、保障措施等具体问题，确保这些方法在高校创新创业教育中能够成功应用。

（一）教学方法创新的重要意义

1. 克服传统教学方式的弊端

有学者概括性地描述了传统教育教学的五个特点：①通过传授、记忆、回忆与再现的方式，由教师向学生传授知识；②更注重"教"而不是"学"；③正确的答案被看作是重要的并给予奖赏，而近似的答案、猜测和多种解释不被重视甚至被排斥；④在教学过程中，教师的权威至高无上；⑤考试及其分数对学校、学生和教师都是至关重要的。对于学生来说，传统教学方式使得学生不用在学习上花费大量时间，费太多的脑筋，只要调动记忆的功能就可以完成学习任务，久而久之，也就习惯了这种教学方式。但是这种教学方式的最大弊端在于扼杀了学生的生命力，从表面上看，学生是一个完整的人坐在课堂上，实际上学生并没有作为一个整体参与教学活动，调动的仅仅是理性方面的认识，而需要、动机、兴趣、情感、人格等非理性因素在课堂并没有得到应有的关注。这样的课堂教学既缺乏生气与乐趣，也缺乏对智慧的挑战和对好奇心的刺激，不但使得学生厌学，也使得教师厌教。要想改变这一现状，就必须引入新的教学方法以改革课堂教学。

案例教学法、体验教学法、项目教学法可以有效克服传统教学方式的弊端，在高校创新创业教育过程中表现出来的优越性更是非常突出。概括来说，主要有三个方面：一是自主性。学生成为主角，通过教师的导演与指导，学生充分展示自己的才能。二是拟真性。给学生提供逼真的客观环境，使学生置身于特定的典型环境之中，并自觉地进入角色。三是交互性。学生之间、师生之间可以互相交流、相互启发，培养学生解决问题的能力。这些显而易见的优越性的充分发挥，在现实教学实践中受到了传统教学观念与方式的制约。

基于此，有学者在教学实践中发现，学生从心理上支持案例教学法，但在表现上又令人大失所望。其主要原因在于：不愿参与，不能参与，不敢参与，不屑参与。其中，"不愿参与"与"不屑参与"是态度和认识问题，是因为学生不想花费大量的时间和精力，而"不能参与"和"不敢参与"则是能力问题，长期的被动学习使一些学生没有公开阐述自己观点的勇气，总是担心出丑，担心犯错误。加上语言表达能力、独立思考能力、随机应变能力、思维活跃程度和进入角色的主动程度都有待提高，致使很多学生无法参与到案例教学过程中来。由此可见，以案例教学法来代替传统教学法，这样的改革是一种较为全面的、彻底的教学改革。体验式教学法借助"体验"训练，引导学生在学习过程中进行反思，过渡上升到对于理论知识的理解，并启发学生将理论与实践有机结合。应用体验式教学法，可以有效打破传统教育模式，使学生能够在自觉、开放、轻松的学习环境中参与教学活动，完成知识积累和技能提升。在项目教学法中，教师和学生共同参与项目的完成过程，教师更多担任的是项目的提供者和指导者，而项目实施中需要运用哪些知识，以及问题的提出和解决均由学生自己来完成，因而能调动学生的积极性，充分发挥其主观能动性，并培养其自主学习的能力，这也是创业过程中非常重要的一项能力。

2. 切实提高大学生创业能力

创业活动是创业机会与创业能力合成的结果。当前大学生创业面临的主要问题是创业机会多而创业能力弱。因此，通过案例教学法在创新创业教育中的广泛应用，全面培养和切实提高大学生的创业能力成为高校目前最为迫切的任务。

创业能力与实践联系紧密，它更多关注"怎么做"而不是"是什么"。这种能力不能够靠"讲授型"的教学来传授，而必须靠"探究型"的教育来获得。有学者认为：从以讲授为主的教学到以探究为主的教育，是一场革命。这场革命有三个特征：教育的起点和主体从教师走向了学生；学习过程由学生的被动接受走向学生的主动探究；教育替代教学。探究能够带给学生的除了知识与技能外，还有"精神启示""习惯""智力品格""心智状态"，而学生的创造力首先是心智状态、思维方式问题，其次才是知识、技能问题。这对于实践性特征突出的创新创业教育尤其重要。培养学生的创业能力不能过分地依赖知识的传授，而是要着力培养学生对自然现象和社会现象的关注度和敏感度；培养学生辨析和解决问题的习惯与能力；培养学生批判性思维的习惯与能力；培养学生拥有和珍视自己的心智生活。正如哲学家所言："虽然智力教育的一个主要目标是传授知识，但是智力教育还有另一个要素，模糊却伟大，而且更重要——古人称之为'智慧'。没有一些基础的知识，你不可能变得聪明；你轻而易举地获取了知识，但未必习得智慧。"要想让学生拥有智慧，就必须真正确立学生在创新创业教育中的主体地位，重建学生的学习方式，使学生通过探究与体验来进行有效学习，使知识内化为学生成长的养分，外化为"以整体性的人去看待整体的世界"的智慧。

在创新创业教育过程中引入体验式教学法，使创新创业教育形成立体、开放、多元、互动的教学体系，让学生在自我教育、自我培养的过程中提高认同、找到归属，才真正有利于培养和提升学生的创业意识认同感和创新精神归属感。项目教学法涉及多方面的知识内容，采用的是团队合作的方式，在项目具体实施过程中，团队成员可以根据需要来选择自己的任务。如果要提高项目完成的效率，则选择自己擅长的部分；如果想学习更多的知识来弥补自己的不足，则可以选择自己尚不太能胜任的任务。同时，在项目的完成过程中，团队之间的竞争会激发大学生的集体意识，团队成员也会为了共同的目标而一起奋斗，增强大学生创业者与他人合作的能力。

3. 有效应对高校创新创业教育的现实困境

由于当前很多高校的创新创业教育课程普遍作为选修课程或者公共课程来开设，因而普遍存在课时少、上课人数多、专业背景复杂等问题，加上相关资源的限制，为所有学生提供实践机会非常困难。在这种情况下，要想保证创新创业教育的实际效果，需要借助新的教学方法。

案例教学法本质上是以问题为导向，以客观事件为材料，训练和提高学生在复杂情况下认识、分析和解决问题的理性思维与实际技能。它的精髓在于设置一种氛围和情境，引导学生开动脑筋，勤于思考，做出决策。案例教学法把求知和行动有机地结合起来，切合了创新创业教育的实践性特征，解决了通过课堂教学实现"做学结合""以学促做"的教育目标。通过体验式教学法，实现课堂教学、实践演练、参与体验"三位一体"，理论性、实践性、操作性"三维并进"，使更多的学生在体验过程中直面创业活动的现实问题，对于培养规避风险的能力具有重要意义。项目教学法通过项目的形式进行教学，项目的实施是学生通过运用自己的理论知识解决实际问题的过程，必然需要整合多方面的知识资源。同时，将学习知识和运用知识有机地结合起来，不仅能满足学生在创新创业教育中的实践需求，有效解决理论学习与实践脱离的问题，而且能实现学以致用的教学目标。

（二）教学方法创新的方式

创新创业教育具有十分突出的实践性特征。创业实践活动既作为一种教育影响，也作为一种课程模式，使创业教育与其他教育类型有了质的区别，是最能体现创业教育特点和性质的课程类型，不是单纯的理论和知识传授就能够完成的。创新创业教育领域存在着大量的"缄默知识"，与"显性知识"相比，"缄默知识"不能通过语言进行逻辑的说明、不能以规则的形式加以传递、不能进行批判性的反思。如果用"显性知识"的教育模式来传递"缄默知识"，就难以确保创新创业教育的有效性，高校迫切需要将课程教育与实践教育紧密结合，搭建起供大学生边干边学、做学结合、以学促做的"实践导向"教学方法体系。

1. 开展"实践导向"的课堂教学

课堂教学要重点解决两个问题。一个是"教什么"，也就是教学内容的问题。有学者通过对比教室学习环境与企业学习环境后发现，"学校非常强调过去，聚焦于理解、反馈和大量信息的分析。而在工作中，企业家聚焦于现在，没有时间进行批判性分析。他们花费大多数时间处理问题，通过自己的经验、实际操作来学习，即做中学"。由此可以看出，"实践导向"的课堂教学要突出强调创设高度贴近企业的学习环境，教学内容要"厚今薄古"，高度关注现实，将解决实际问题作为教学的中心内容。另一个是"如何教"，也就是教学方法的问题。在教学方法上，高校要突出强调探究式教学方式，采取案例、体验和项目教学方法，重点强调"自觉性决策"和"创造性实验"。"实践导向"的教学方法要重点突出学生的主体地位，通过引导学生进行自觉性决策和创造性实验来激励和培养学生的创业行为。

2. 构建"实践导向"的参与平台

当前大学生创新创业教育的主要参与体验平台首推大学生创业计划竞赛。

通过这项比赛，每年有上万名大学生直接或间接地参与到创业体验中来，竞赛的教育功能得到了各方面的充分认可。对于赛事本身来说，最重要的是确立"实践导向"，将比赛向两端拓展。一方面向赛前培训拓展，比赛不是目标，目标是以赛促教、以赛促学，所以，要扎实做好赛前培训，培训的对象不要局限于参赛学生，而是要面向全体学生，通过这一过程普及创业文化。培训重在发动学生行动起来，深入开展市场调研，掌握第一手资料，为识别机会、把握商机、了解社会奠定坚实基础。另一方面向赛后转化拓展，比赛结束后，还需要做细致的项目对接与运营工作，政府的支持、企业的投入、资本的汇聚等，所有重要因素，都要有一个专门的部门来规划、统筹与协调。

当然，高校建设"实践导向"参与平台的方式还有很多，既可以通过孵化器和科学园作为教师和学生的研究与教学实验室，增加大学生衍生企业的数量，并提高企业的生存率；也可以通过支持学生社团或创业俱乐部、开办创业暑假学校、举办创业论坛、组织学生到企业进行创业实习、开展"一对一"创业指导等方式，来切实推动创业实践的深入开展。

3. 提供"实践导向"的保障措施

（1）创建配套的教学制度和教学环境

高校现有的教学制度比较传统，灵活性不足，开放性较差，最突出的一个缺点就是理论知识学习与实践应用脱节，在这种教学管理制度下实施项目教学法比较困难，难以发挥案例、体验和教学的优势特点，最终影响高校创新创业教育的实际效果。同时，项目教学法的实施，不同于传统讲授式的课堂教学，需要一个开放的教学环境，可以根据具体项目的实际需要，到教室以外的其他场所进行教学活动，比如实验室或某一实体公司，也需要一些额外的软硬件设施，比如需要购买锻炼学生创新创业能力的模拟软件等。当然，在高校创新创业教育中应用项目教学法并不是要摒弃传统的课堂讲授法，而是要将两者结合，在课堂讲授法保证学生了解相关理论知识的基础上，通过具体项目的实施，使学生学以致用，边用边学，从而激发学生创造性思维的产生和促进综合分析能力的提高。

（2）加强师资队伍建设

在高校创新创业教育中应用项目教学法时，教师的角色不再只是讲授者，更多的是监督者和指导者，角色的转换对教师教学的要求并没有降低，反而有很大提高。教师不再像传统授课那样仅仅进行备课、讲授、考试等教学活动，而是需要运用多方面的知识来满足更加综合的教学目标。同时，教师不能只像往常一样教授理论知识，还要有较强的实践能力，才能胜任此类课程的教学。因此，在高校创新创业教育中应用项目教学法对教师提出了更高的要求，而高校目前这方面的师资相对薄弱，存在数量不足、质量不高和结构不合理等问题，在培养学生了解创业的基础知识、基本过程和基本技能方面，尚能勉强满足需求，在对创业兴趣浓厚的学生进行个性化培养时，就会感到心有余而力不足，因此亟须培养相关师资人才。

（3）加大政策和资金的支持力度

在高校创新创业教育中应用项目教学法的一个前提就是有力的政策支持。相关部门要准确定位，利用信息优势和行政职能，发挥其在推进大学生创业过程中的引导作用。目前，国家高度重视创新创业工作，通过创新训练、创业训练和创业实践三类项目，促进高校转变教育思想观念，强化创新创业能力训练，增强学生的创新能力和在创新基础上的创业能力；全国各地也出台相关优惠政策，通过"搭建平台、集聚资源"等措施，为大学生提供创业或创业训练的项目。所有这些都是对高校创新创业教育的具体支持，为高校创新创业教育的开展与推广起到了很好的指导与促进作用。

在高校创新创业教育中应用项目教学法还需要有充足的资金保障。项目教学法不同于传统教学法，不但教师的课业任务加重，还需要开展第二课堂活动，比如组织学生到实体公司实施具体教学项目或购买一些软硬件设施来支持项目教学等，所有这些都会加大创新创业教育的开支。总结高校创新创业教育的资金来源模式，主要包括两类：一类是政府主导型资金来源模式；另一类是市场主导型资金来源模式。我们可以同时结合政府主导与市场主导模式构建一个综合多元的创新创业资金来源体系，在由政府设立大学生创新创业基金的同时，积极倡导社会及企业建立相关的援助基金和组织，为大学生创新创业提供充足的资金保障。

（三）具体教学方法的应用与创新

1. 案例教学法的应用与创新

由于高校开展创新创业教育的时间较短，在科学运用案例教学法来提高高校创新创业教育质量和水平方面，目前尚处于起步阶段。借鉴案例教学的高校比较多，结合实际情况自编案例并进行完整意义上案例教学的高校比较少。我们亟须通过深入研究来探索案例教学法在高校创新创业教育中具体应用的途径和方法，以此切实提高高校创新创业教育的质量并推动其不断深入发展。

（1）案例选材问题

案例选择的恰当与否直接决定着案例教学的成败。高校创新创业教育面向全体学生，这些学生来自各个专业，知识背景和专业兴趣有着很大差异。面对这种情况，如果照搬商学院或管理学院进行专业教学时使用的案例，则会使多数学生产生距离感，既无法吸引学生的注意力，更不能提高他们的学习兴趣，自然就不能主动参与课堂教学，所以高校在案例选材时要注意以下三点。

第一，选材的基本定位在于培养创业精神，而不是教学生开公司当老板。高校创新创业教育的基本定位是启蒙教育，通过开展这项教育要达到两个基本目标：一方面，要让全体学生了解创业的基础知识、基本过程和基本技能，从而在广大学生的内心深处播下创业的种子。虽然多数学生可能不会创业，但会成为创业支持者，为创业文化建设奠定基础。另一方面，在教学过程中，发现那些对创业有浓厚兴趣并想在大学期间或毕业时开展创业实践的学生，开展个性化培养，引导学生走上实际创业之路。基于启蒙教育的基本定位和两方面的基本目标，在高校创新创业教育中，要重点选择那些能够培养学生创业精神的案例。

第二，选材的基本方向在于结合不同专业特点，而不是"一例通教"。来自不同专业的学生通常对与本专业密切相关的行业特别感兴趣，在这种情况下，选择案例的时候就要照顾到学生的基本专业特点。大学里的很多专业都是适合创业的，如工程、艺术、体育、旅游管理等，但是由于学生不了解本专业的社会应用前景，一般对创业持悲观态度。在这种情况下，如果教师能够结合各个专业的特点引入案例，既会极大地激发广大学生的创业热情，更会调动他们努力学习专业知识的积极性。

第三，选材的基本原则是"就地就近"，而不是一味地追求"经典"。实际教学过程中，学生对于那些发生在自己身边的实例更感兴趣，讨论起来参与程度更高，而对于引进的案例，除了几个耳熟能详的大公司和大人物之外，对于知名度不高的中小企业案例则很少有兴趣。一方面，案例可以就地取材，对学生进行案例教育。另一方面，各个高校可以充分开发校友资源，将校友创业案例引入创业教育，用"身边人讲述身边事、身边事教育身边人"的办法开展创业教育，这样易于学生接受，并能较好地激发学生的创业热情，培养创业意识，克服他们对创业的畏惧心理。

（2）教师角色问题

案例教学虽然改变了传统教学模式中的师生关系，但是任课教师的教学水平和实际表现仍然是教学成功与否的关键因素。创业教育中的案例教学主要以讨论的方式来进行，在讨论过程中教师的正确角色定位对于案例教学的成功实施至关重要。有学者认为，教师在开展案例教学前，要调整自己的角色和心态，在教学过程中主要是"倾听、促进和引导者的角色"，这样的角色定位与传统讲授式教学中教师扮演的"知识权威"角色截然不同。

第一，"倾听"而不"放任"。案例教学法强调的是不同观点的呈现，其突出特点是不提供明显且无争议的标准答案，但是不提供标准答案不等于不纠正错误观点。教师在认真倾听学生发言、尊重学生见解的同时，要注意错误的观点和认识，进行汇总之后，以适当的形式给予澄清。

第二，"促进"而不"限定"。大班级课堂要做到每个学生都发言几乎不可能，在这种情况下教师一般采取分组讨论，每组选一名代表发言的方式，以此来促进学生的充分讨论。与此同时，不能把这种形式限定得过死，肯定有学生还有与各组发言不同的观点，要提供两三人自由发言的机会，供学生表达不同观点。

第三，"引导"而不"主导"。教师之所以要引导，是因为学生在讨论时经常会偏离主题，在这种情况下，教师要通过必要的引导使讨论向着课程目标前进。引导要注意把握度，既不能过早发表自己的意见，使学生不敢发表独立见解，也不能以反对、嘲笑、谴责或命令的口吻来主导讨论进程。教师要和学生处于平等的地位，共同致力于知识的探讨，给学生以自由发言的信心，始终保持宽松自由的氛围。

（3）适用性问题

案例教学法的优势是很明显的，但也不是没有不足。有学者指出，案例教学法的缺点或限制包括：应用案例教学法耗费时间和精力，应用案例教学法不利于中等以下程度或低年级的学习者，应用案例教学法仍不如实地经历。特别是在高校创新创业教育过程中，由于条件和资源的客观限制，更是要充分考虑案例教学法的适用性。

第一，要明确案例教学的目标重在激励学生的创业行为，而不在于对案例进行理论分析。针对这一问题，有学者尖锐地指出：目前在创业教育中占优势地位的案例教学方法如果强调理论分析而不是自觉决策和创造性的实验，那么案例教学也是反创业模式的。所以，为了有效避免占优势地位的教学方法蜕化为"反创业"的教学模式，关键在于准确把握开展案例教学的目标与精髓。

第二，案例教学法既不能与讲授法完全对立，更不能完全代替讲授教学，而是要与课堂讲授相结合。在学生通过课堂讲授学习了理论知识之后，在进行综合实践和实训的过程中辅以案例教学，这样就有利于学生通过案例将所学知识串联起来，而且便于主题讨论的展开，有利于学生创造性思维的产生和综合分析能力的提高，从而做到"以例激趣—以例说理—以例导行"。通过两种教学方法的恰当配合，就可以充分利用案例教学法具有的实践属性和创新价值导向，丰富和完善讲授法的缺点和不足，实现理论和实践并重、传承与创新并举的全新教学目标。

第三，将案例教学、实践调研和多样化创业活动紧密结合。将案例教学向课堂之外适当延伸，将学生分成调研小组，利用课余时间亲自到企业进行调研。配合这些调研，高校可以适当开展小型多样的创业教育活动，如小组讨论、讲习班、网络教学等，在教学过程中，可以邀请校外专业人士或企业家进行客座演讲，积极吸收社会力量参与案例教学，增强案例教学的实效性和针对性。

2. 体验教学法的应用与创新

创新创业教育是一项理论性、实践性和操作性较强的教育课程，若缺乏教学模式的创新、缺乏创业能力的体验与实践、缺乏具有针对性和实效性的教学方法，创新创业教育便会停留在空洞的理论传授层面。体验式教学法对于解决这些现实问题，切实提升高校创新创业教育的质量和效果具有重要意义。

（1）具体应用

在高校创新创业教育中应用体验式教学法的最终目标，是让学生通过体验过程了解创新创业教育的精神内涵，而不是单纯地知道创新创业教育理论知识。这与达尔克罗兹的教育理念有异曲同工之处，他强调"感知、认知、学习、理解"的协调关联教育方法，并由此构成了体态律动教学法："在本课程结束后，不能使学生说'我知道'，而是'我体验到'。"高校创新创业教育同样强调学生的感知和认知过程，以此作为接受创新创业教育的前提和基础，但最终目标局限于教育理论的"学习、理解"，而在体验中"验证"创业理论知识并"应用"于创业活动之中，才是体验式教学法的真义所在。

①感知体验之头脑风暴法。感知体验强调的是在创新创业教育授课过程中，使学生形成感知。头脑风暴法通过引导学生进行无限制的自由联想和讨论，从而产生新观念或激发创新想法，进而增强感知体验。该方法需要学生

群体之间相互作用与影响，有助于创造性思维的产生，提升创新意识。②认知体验之管理游戏法。认知体验根据客观存在对学生主观意识进行作用。管理游戏法则通过情景模拟，仿真各类创业模式，让学生在较短时间内了解和掌握实训创业管理方法。对于创新创业教育而言，该方法是最直接、快速、有效了解自己经营效果的创新创业教育方法。③验证体验之角色扮演法。通过角色扮演的方式，进行验证体验，是体验式教学法的基础方法。该方法通过情景模拟，编制一套与实际相关、相似的创新创业环境和活动，要求扮演者用多种方法处理任何可能出现的问题，达到测评学生的实际操作能力、决策能力、领导能力、潜在能力、判断能力和心理素质的目标。④应用体验之沙盘模拟法。沙盘模拟训练法主要设定了代表相互竞争企业的沙盘盘面，各盘面涵盖企业运营所需的全部关键环节，将真实运营所处的内外环境抽象为一系列的模拟训练场景，进行实际运营。学生在这一过程中，借助参与沙盘载体、模拟企业经营、对抗企业演练、教师现场评析、学生后期感悟等完成一系列的实验环节。融合理论与实践一体、集角色扮演与岗位体验于一身的设计思想，使学生在分析市场、制定战略、营销策划、组织生产、财务管理等一系列活动中，了解创业管理规律。

（2）主要问题

体验式教学方法以学生的主动参与、探索、操作和自主管理为特征，增强学生自主创业的意识。通过在创业实践教育的具体环节中对学生进行实际模拟操作指导，对学生的创业能力、创业素质等方面产生重要影响。在实践过程中也需要避免学生在积极体验的同时，出现"课上热闹、课下无效""乐趣很高、效果不好"的情况。

第一，创新创业教育教学中的体验恣意化。在创新创业教育中运用体验式教学法，为了创造、模拟真正的创业环境和创新平台，教师和学生的角色发生了转变：教师从传统的"传道、授业、解惑"转变为教育中的引路人，扮演着类似于导演、裁判、咨询者的角色；学生从传统的被动学习者变为自主学习者，扮演着创业者、企业家的角色。学生的自主权被无限放大，教师在学生为主体的课堂中成为辅助方和旁观者，容易忽略对课堂整体的主导和把握，出现恣意化的体验现象。具体表现在言语恣意化、管理操作恣意化和角色体验恣意化。为了避免体验恣意化现象发生，需要教师在学生体验学习的过程中，对于体验走向、关键点位进行及时、有效的引导。针对言语恣意化，需要教师在体验活动开始前做好引导，使体验活动按照预设顺利开展，在体验活动进行中，随时对学生言语表现进行观测，当言语活动出现偏颇时及时引导或予以制止；针对管理操作恣意化，教师可以做适当引导，但不能为了快速实现教育目标而强制学生执行创业活动；针对角色体验恣意化，学生在进行创业体验时，容易出现角色把握不准确、难以融入的问题，需要教师事先选定学生熟悉的创业角色，体验过程中适时做好疏导，避免影响体验效果。

第二，创新创业教育教学中的体验虚假化。在高校创新创业教育中运用体验式教学法，其核心是理论与实践的紧密结合。将先进的教学方法与课本知识相结合，配以实例，让学生对创新创业教育有更直观的认识，这就需要教师在运用体验式教学法的过程中，注重给学生以真正意义上的体验，而不是将体验教学虚假化。具体表现为体验模式虚假化和体验感受虚假化。体验模式虚假化，是指教师误以为在创业教育的课堂上组织体验活动即完成了体验式教学，体验式教学法提倡教师通过丰富的教育形式完成教学过程，并不是单纯将其引入课堂就完成了体验式教学。体验感受虚假化，是指教师在创业活动中，引导学生进入预设好的创业活动节点，将学生固化在预设好的体验过程中，而不是学生个体在体验过程中自然形成的体验感受。为了从根本上杜绝体验虚假化现象的发生，需要教师深入了解体验式教学的理论内涵。

（3）促进机制

传统教学一般采用统一标准和固定模式，对教师的教学内容、教学形式和教学效果进行评价；或者参考固定答案，通过各种考试对学生学习结果进行评价。与传统教育相比，体验教学注重的是学习过程而非学习结果，以往的分数量化评价方式只能衡量出学习者对学习结果的记忆程度，并不能反映学习者的真实体验过程。单一固化的评价衡量标准，已经不适用于多元化发展的现代创新创业教育，需要注重多元化评价，使学生在统一评价的基础上表现出一定的弹性，从而为他们的个性化发展提供空间。体验式教学法应采取多元评价模式，不仅要正确知晓学习者的学习情况，更要对教学过程进行价值判断并为教学决策提供有效反馈：一是对教师的评价中，既应侧重授课内容及授课效果转化，注重案例选择、教学情景设计和以学生为主体的授课效果，又应侧重理论与实践转化，进行全方位培养；二是对学生的评价中，既应侧重教学效果的过程评价，即学生心理历程、交流沟通和理解应用，关注体验式教学过程总的参与程度和参与效果，又应采取包括课堂观察、测试练习、学生作品评价、学生体验与反思等多元化评价标准，着重评价学生的思维能力和应用能力；三是评价机制的主体应兼顾师生双方，既涵盖师生双方互评，又涵盖教师之间和学生之间的评价，三者各有侧重，以此增强师生参与体验教学过程的效果，进而形成体验式教学法在高校创新创业教育中有效应用的长效机制。

3. 项目教学法的应用与创新

项目教学法是指学生在教师的指导下，在特定的学习集体（项目小组）中，根据学习兴趣和生活经验提出问题或活动的愿望（项目创意），对活动的可行性做出决策（是否立项），并围绕既定的目标（项目成果）决定学习内容和学习方式，自行计划、实施和评价学习活动的教学活动。其突出特点是以项目为载体，实现各种知识与能力的整合与重构；以学生为中心，培养学生的自主学习能力；以小组学习为主要形式，实现探究与合作学习；以过程和产品为基础，衡量教学目标的达成情况。在高校创新创业教育中，以真实或模拟的项目为研究切入点，以开展项目为手段，能使大学生通过参与项目的方式激发其创业意识，培养其创业思维和创业能力，丰富并提高其综合素质。在高校创新创业教育中运用项目教学法，应明确以下四个方面的内容。

（1）明确目标

目前，关于创新创业教育的目标，存在两种观点：一是狭义地理解创新创业教育，把创新创业教育简单等同于"企业家速成教育"；二是仅将创业作为缓解学生就业压力的权宜之计。创新创业教育作为企业生命周期的一个特殊阶段，有其深刻的意义。一个广为学者接受的观点是创新创业教育应以唤醒学生的创业精神与意识、提高学生创业技能及培养企业家行为为主要目标。本书探讨的高校创新创业教育的基本定位是分群类教，在校内教育部分，既要面向全体学生开展启蒙教育，也要结合专业开展嵌入教育，还要针对有明确创业意向的学生开展创新创业管理教育；在继续教育部分，还要针对初创企业者开展教育培训和帮扶。通过开展高校创新创业教育要达到两个基本目标：一方面要让全体学生了解创业的基础知识、基本过程和基本技能，从而在广大学生的内心深处播下创业的种子；另一方面，发现那些对创业有着浓厚兴趣并想在大学期间或毕业后开展创业实践的学生，进行个性化培养，引导学生走上实际创业之路。项目教学法在高校创新创业教育中的应用要努力促进此目标的达成，在四个层面的创新创业教育中均可利用项目教学法来提高教育的针对性和实效性。在面向全体学生开展的启蒙教育阶段，学生的创业意识非常薄弱，因此，可以有针对性地选取难度比较低、学生比较感兴趣的项目，通过引导学生进行自觉性决策和创造性实验来培养其"创业精神"，植入"创业意识"，培养学生"自主工作"和"持续学习"的能力；在与相关专业结合的"嵌入型"教育阶段，要根据不同学科的特点，结合专业特色，选择与学科相关性大的项目来引导学生根据专业特长进行创新创业；在"专业型"创新创业教育阶段，要以提升学生创业实战技能以及培养实际创办企业的能力为目标，因此要选择知识融合度大的项目，还可以根据现实中的经典项目改编出需要锻炼这部分学生特殊能力的项目，使其掌握创办和管理中小企业的知识和技能，提高驾驭能力和规避风险能力，从而提升其创业成功率；在继续教育阶段，初创企业者本身就拥有一个很好的项目创意，因此应侧重于将项目教学法运用到具体的咨询、培训和服务中，也可以提供以往教学中积累起来的与其项目相关的丰富经验，帮助他们顺利度过企业初创期。

（2）组织形式

项目教学法采用的是团队合作形式，即一定数量的学生和教师共同参与到项目的实施过程中，教师在其中担任指导者的角色，学生充分发挥其自主性，并在教师的帮助下完成学习任务。相关研究者指出："当团队真正在学习的时候，不仅团队整体会产生出色的成果，个别成员成长的速度也比其他的学习方式快。"正因如此，团队学习形式是很好的组织实践教学的方式。芬兰一所应用科技大学的团队创业学园就是很好的例子，在这个学园里"没有课堂，有的是开放的办公区；没有教师，有的是教练；没有班级，有的是对话会议；没有案例学习，有的是真实的项目；没有讲授，有的是大量的学习"。项目教学法满足了创业教育的实践诉求和"学以致用、边用边学"的教学目标，在高校创新创业教育中运用时，需要根据具体情况采用不同的组织形式。一方面，对于全体和各个专业的学生，在让其了解创业的基础知识、基本过程和基本技能时，可以采用普及式教育，即培养具有不同学科背景的广大学生的创业精神和创业意识。另一方面，对于那些对创业有着浓厚兴趣，并想在大学期间或毕业后开展创业实践的学生，采用聚焦式教育，即培养创业人才和创业教育相关师资或研究者。这种模式可以采用固定团队的形式，这种团队的周期长、综合性较强，通过项目的各种活动，可以形成专业的创业素质和创业理论体系。

（3）项目选材

项目选材是否恰当将直接影响项目教学法在高校创新创业教育中应用的成败。项目选择要以高校创新创业教育的目标为出发点，以教学内容为依据，既要包含教学知识点，又要能调动学生的积极性，让学生在运用所学知识的同时，充分发挥自己的创造力。具体可概括为四点：一是所选项目要有针对性。在具体项目选择时，要根据高校创新创业教育的具体目标、受教育学生的学科背景、学生的兴趣点及已掌握的创业技能水平进行筛选。二是项目的可行性。所选项目无论在实践还是资金等方面必须是切实可行的。三是项目的综合性。所选项目要涵盖多学科知识，在弥补学生知识空缺的同时，提高学生整合各种知识的能力。四是选择项目要有技巧性。要根据创新创业教育过程不同阶段中学生对创业知识的掌握程度，不断加深项目的难度，在符合学生接受知识规律的情况下，不断提高学生的学习能力和创新创业能力。

（4）教学效果考核与评价

在项目教学完成后，如何对学生的表现进行考核和评价是一个值得深思的问题。可以采用团队成员自评、成员互评、教师评价的方式，同时还可以根据具体项目类型设置网络投票环节，但这些过程都需要有一定的监督措施。评价标准可以由团队练习表现、文献学习和研读、实践环节表现三个部分组成。团队成员根据自己团队完成创业教育目标的情况，同时结合自己在团队中的表现，以及是否掌握了创业相关知识和技能来对自己做出评价；为了防止恶意评分的出现，互评可以采用去掉最高分、去掉最低分的方式计算评价结果；教师根据学生个人及所在团队的表现，给出评分；网络投票环节要严格把关，可以设置投票限制条件，比如只有本校学生才能投票。为了评分更加合理，可以选择部分创新创业领域专家，采用层次分析法计算出每一项的权重，对以上四项评价结果进行加权求和作为综合考核结果。

二、高校创新创业教育的科学评价

评价是改进、提高的基础，高校创新创业教育的质量和水平要得到持续的改进和提高，必须以科学评价为基础。由于高校创新创业教育效果评价存在着突出的"时滞效应"，所以必须清楚高校创新创业教育的作用机制和有效的边界条件，不能仅凭思辨来选择评价指标。加强评价体系建设的当务之急在于创建与高校创新创业教育特征相匹配的教育效果评估方案，充分考虑主观和客观指标、短期和长期指标等特殊因素，形成模块化评价指标体系。这里具体分析数量评价、个体发展水平评价和纵向综合评价。在数量评价方面，探讨"创业率"评价的问题与改进措施，认为不能单纯以应届毕业生的创业率这一数量指标来评价创新创业教育效果；在"个体发展水平"评价方面，认为需要建立评价指标，对创业意向和创业能力进行评价；在纵向综合评价方面，深入研究当前比较前沿的基于"计划行为理论"的纵向综合评价方法，对其评价指标选择和体系构建进行梳理。在此基础上建立起与高校创新创业教育相匹配的价值导向、质量标准和评价方式，进而提出全新的评价观。

（一）"创业率"评价的现状、问题与趋势

1．"创业率"评价的现状

目前之所以用大学生毕业时的创业率来评价创新创业教育效果，是因为近些年来国家高度重视高校的创新创业教育，为创新创业教育持续投入了大量的人力、物力和财力，其目的就是要达到以创业促进就业的目标，这些举措认可的基本理论假设是经过系统的创新创业教育，大学生毕业时创业的比例应该有显著提高。但是，实际情况却不像设想的那样理想。

2．"创业率"评价的问题

"创业率"的概念一经提出，就受到了社会各界的关注，其中不乏尖锐的批评和深度质疑。有学者认为："从测量角度看，创业率指标因为简单、可比而显示出实用性。这可能在一些国家较为适用，但是否适应我国高校大学生创业教育效果的衡量，就很值得商榷了。"之所以出现这种情况，主要原因在于社会高度关注的"高校毕业生创业状况"是衡量高校人才培养质量的重要指标，因此它必须客观地反映毕业生创业的全面情况。创业率仅仅是指已创业人数在全体毕业生人数中所占的比例，这只是一个数量指标，只是创业情况的一个方面，缺乏更为重要的质量维度，不能够全面反映高校创新创业教育的整体质量。

"创业率"指标确实存在着明显的缺陷，但这是否说明用这一指标来评价创业教育的效果是错误的呢？笔者不这样认为。因为使用这一指标，一是可以看出高校毕业生毕业时选择创业的一般情况，可以作为反映高校创新创业教育实际效果的一个维度（不是全部）；二是从这个指标可以看出除了创新创业教育之外，创业环境对于大学生创业的实际影响；三是从这个指标可以看出高校创新创业教育"时滞效应"的严重性和改进程度。所以，"创业率"这个指标并不错误，关键是不能用它作为评价高校创新创业教育水平的唯一指标。因为"创新创业情况"是一个综合指标，它包含"创业率"，但不只是"创业率"，这就有效避免了单一量化评价指标带来的诸多不利影响，而是会对包括高校创新创业教育在内的各项工作产生健康而积极的促进作用。

3."创业率"评价的趋势

为了从根本上解决"创业率"评价存在的问题，增强"创业率"的解释力，相关学者在多方面进行了深入研究。

有学者提出了"时滞效应"理论，"所谓创业教育的时滞效应，是指从接受创业教育，到实际创业之间，有一个相当长的时间延滞"。笔者认为，"时滞效应"只能说明一部分事实。有学者根据"时滞效应"理论，发现"企业创办者的平均年龄为 33 岁，大约在完成大学教育 10 年之内创业"，并据此认为创新创业教育评价应该是纵向的长期评价。这里面实际上隐含着纵向长期评价的有效性问题，也就是说，大学生从毕业到创业这 10 年左右的时间里，进行着社会实践和继续学习，这些活动都会对大学生的创业行为产生深刻影响，在评价上不可能把这些影响与创新创业教育进行有效分离，也就不能把大学生毕业后 10 年产生的创业行为全部归因为创新创业教育的"时滞效应"。

鉴于"创业率"评价指标的局限性，建立全方位的质量评价方法和指标体系成为有效开展创新创业教育评价的基础和前提。很多专家学者在这方面进行了深入的探索与实践。笔者比较认同创新创业教育评价应是一种综合性评价，"宜粗不宜细、宜简不宜繁"，本着这一原则和思路，笔者认为当前可以实行的是创业教育的个体发展水平评价。

（二）个体发展水平评价的现状、问题与趋势

1. 个体发展水平评价的维度

在个体发展水平评价方面，同样有数量和质量两个维度。在数量评价方面思路要更开阔一些，不能只评价学生创办了多少企业、创造了多少工作岗位、学生创业的收入情况等显性指标，而要立足"大创业教育观"，实现创业教育与就业教育的衔接联动，要把学生的就业率以及在就业岗位上的发展情况、收入情况等都作为评价参考。

在质量维度方面，由于创新创业教育涉及学生综合素质的培养和提高，在这方面有很多指标可供选择：既包括个体的主动学习态度和终身学习理念的确立，也包括个体在意识、个性、能力、知识的形成和掌握方面的提高和发展；既包括参加创业的社会实践情况，也包括是否能在创业实践中获得一些经济和社会效益；还包括是否明显增强了对社会生活的适应性等。但是问题的关键是

如何对这些素质的培养和提高进行有效的评价，并建立起这些因素与创业教育的直接或间接关系。为了达到这个目标，必须删繁就简，以一两项核心指标评价为基础，进行创新创业教育的有效评价。

有学者提出了"内生变量"和"外生变量"的概念，认为应该从"内生变量"的角度，比如使用大学生创业意向和创业能力指标来评价高校创业教育水平可能会更加客观一些。以创业意向和创业能力这两项"内生指标"来评价高校创新创业教育，确实能够有效地反映出创新创业教育的实际效果，但问题是创新创业教育评价是一个巨大的系统工程，这两项指标也只能测评部分短期效应，而对于整体效果和长期效应则无能为力。创业意向和创业能力指标也需要在实践中不断完善和改进。

2. 创业意向评价的现状、问题及策略

（1）创业意向评价的现状

创业意向是引发创业行为的意识和心理元机制，创业意向研究已有 20 余年的历史，而该研究于我国而言仍为新兴领域，将创业意向评价的现状进行整合考察，才能从总体上梳理创业意向评价的整体情况。

国外创业意向研究在充分进行基本理论研究与实践现实应用之上更加关注创业意向评价的具体指标，主要表现在三个方面：第一，关注创业教育对创业意向的影响，着重从人力资源理论和创业自我效能视角出发探究创业教育对创业意向的正负面作用；第二，关注性别差异对创业意向的影响，尤其关注基于不同性别的个体创业自我效能的提升与实现；第三，关注角色模型对创业意向的影响，探究榜样示范力对创业意向的推动作用。

我国相关领域学者基于创业意向研究的特点，重点考察创业意向维度结构、影响因素及现状调查三个方面。在创业意向维度结构上，从创业意向的概念界定出发对维度结构进行实证分析，探索出希求性、可行性和行为倾向三级模型。在创业意向的影响因素上，学者虽选取不同的研究对象、视角及工具等，但归纳而言主要涉及个体的人格特质、背景因素、环境因素和自我效能感等变量。虽然研究对象、视角和工具选取不一，但有关大学生创业意向的调查研究依然取得了丰硕成果。

（2）创业意向评价的问题

首先，创业意向的内涵研究有待深化。作为研究创业意向的前提性依据，当前有关创业意向的概念和内涵没有在学界形成统一认识，这为进一步深化和

拓展创业意向研究的深度遇到了困难。创业意向的含义界定个性化、创业意向术语使用混合化、创业意向维度结构模糊化等，都需要创业意向研究的基础理论从根本上创新。其次，创业意向的测量研究有待统一。由于学界目前对创业意向的概念和内涵尚未形成共识，创业意向在基础理论、前沿拓展等方面的研究不成熟，导致创业意向研究从多人出发、形成多种问题意识、有多种探索表达，集中表现为研究工具、统计方法、监测手段的不一致。再次，创业意向影响因素模型有待完善。构建创业意向影响因素模型是了解创业意向生成机制和干预方法的基础。虽然当前对创业意向影响因素的研究取得了一定进展，但向纵深发展依然是当前的工作重点，应该进一步探究多个个体及非理性认知对创业意向的作用、自我效能感等对创业意向研究的影响。

（3）创业意向评价的策略

第一，开展跨地区、跨文化比较研究。比较研究的重点在于在不同文化间寻求能够在新场域建立的间性因素，探索不同文化的创业意向比较，对于不同文化背景的创业意向影响、不同环境因素的创业意向构建、不同生态氛围的创业意向机制的发掘等具有重要意义。

第二，建设实效性创业意向研究机制。当前创业意向研究的基础理论和实践应用有待深化，而能够推动创业意向研究的基础性工作是建立宏观框架，为创业意向研究提供统一标准，并提供关于创业意向内涵及结构的权威性界定，从而推动创业意向研究在基础理论和实践应用等领域的拓展。

第三，强化潜在创业者的创业自我效能。在创业意向研究中的关键中介因素即为"自我效能感"，这一个体性因素是了解创业行为的中心点和评价创业行为的最佳指标。由于人对自我的效能期望，才能由内在产生创业的兴趣和动力，并向外拓展为创业行为。由此，以恰当的创业教育对自我效能感进行合理引导是促进个体自我效能发挥出最大价值的重要途径。

3. 创业能力评价的现状、问题及策略

（1）创业能力评价的现状

目前，创业能力评价的研究主要聚焦在创业能力结构模型的构建。学者们一般是在创业者、企业家及相关专家访谈基础上，初步确定创业能力的要素，进而通过问卷调查或一定的统计分析方法，确定创业能力结构模型。有的学者认为创业能力由"二阶六维度"构成，即机会能力、运营管理能力为一阶维度，机会识别能力、机会开发能力、组织管理能力、战略能力、关系能力和承诺能力为二阶维度。此类研究中，重大项目"大学生就业创业教育研究"的相关探讨更有代表性，该团队在学生访谈、创业典型分析、文献分析等基础上，运用结构模型研究方法，基于全国范围的大数据调研，构建了大学生创业能力结构模型，认为大学生创业能力模型包括基本创业能力、核心创业能力、创业人格和社会应对能力四个基本维度，这一研究成果奠定了创业能力评价的基础，具有重要意义和价值。

（2）创业能力评价的问题

一是亟待加强创业能力宏观框架的研究与探索。学者最初也比较注重创业能力结构模型的构建。比如，创业能力包括识别与利用机会的能力、概念性能力、坚持不懈的能力、人力能力、政策性能力、技术能力等。有学者构建了包含机会胜任力、关系胜任力、概念胜任力、组织胜任力、战略胜任力和承诺胜任力的六维创业能力结构模型。但这类研究与目前面临的困境类似，即有限的研究对象和特定的研究目标，制约着创业能力模型的科学构建。很多国家已经将就业创业能力作为国家战略进行深入研究，并形成了较为完善的就业创业能力结构的国家框架，从国家层面确定了就业创业能力的结构。二是创业能力过于关注单一的自评式方法的研究与实践。创业能力评价需要指标体系作为参照，但也不是紧靠指标体系和问卷测评就可以完成。创业能力模型或者说指标体系更大程度上是一个规范性的指引，如何使用这个指标体系涉及创业能力评价方法的科学性问题，然而这方面还没有引起高校的足够重视。

（3）创业能力评价的策略

一方面是要把创业能力作为国家战略，整合优势资源和力量，构建创业能力国家框架，更为创新创业教育提供重要参数。另一方面，要进一步深入研究创业能力评价方法，基于创业能力国家框架构建一套科学有效的创业能力评价方法体系。比如，从创业能力分类培养的角度提出应该对大学生的创业能力进行综合性的、过程性的评价，认为创业启蒙阶段，应该采用量化测评的方式，对所有大学生的创业能力进行全面评价，了解各种具体能力的强弱；创业预启动阶段，当少部分学生决定创业时，要采用民主评议的方式，帮助学生分析各种创业类型需要的特定的核心能力，同时采用量化测评的方式评价特定能力的强弱；在学生创业初期，要采用专家诊断法，对学生在创业实践活动中表现出来的能力进行评价。这对优化创业能力评价有很大的启发意义。

（三）创新创业教育评价的发展建议

1. 建立正确的评价观

做好创新创业教育评价必须明确一个基础性问题，就是评价观问题。评价观决定着评价的目标、内容和方式，开展创新创业教育评价必须首先确立正确的评价观。

高校发展创新创业教育的初始动力是通过创业来促进就业，创业具有就业的倍增效应，经过持续努力，以创业促进就业成效显著。"大众创业、万众创新"已经蔚然成风，其价值导向是在全社会厚植创业文化，营造鼓励创业、尊重创造的社会文化氛围。不论是促进就业还是创新驱动，均应以培养创新创业型人才为根本，这是正确的价值导向。从长远来看，创新是推动一个国家或是一个区域持续快速发展的原动力，创新创业教育是提供这一源动力的"发动机"，这是被经济、管理、教育界学者反复证明了的。所以在评价创新创业教育的效果时，一定要立足长远，不能急功近利，既要看到创新创业教育对于学生实际创业的促进和帮助，也要看到创新创业教育培养学生形成的独特的思考和行动方式，它不仅适用于商业领域，而且可以广泛应用于其他领域。从这个角度来评价创新创业教育，就超越了技能培训的层面，而是把创新创业教育作为一种教育的理念和模式来衡量，这才是正确的评价价值取向。

在正确的价值导向的指导下，创新创业教育评价还应该遵循三个基本原则。一是过程性原则。要准确把握高校创新创业教育的若干核心环节，对课程体系、模拟训练、市场体验、实操实创等环节进行全程监测，确保学生在每一个环节都学有成效，对于评价效果不好的环节，要及时改进。二是长期性原则。创新创业教育的效果长期存在，需要关注学生的长期发展，注重对学生的跟踪评价，并进行及时反馈。评价体系的构建必须突出层次、抓住重点，不但要考虑创业教育的目标，还要考虑外界环境等综合因素，着眼于大学生综合创业能力的提高。三是多重性原则。要将教育效果与学校办学特色、人才培养目标和学生个体实际等多个维度统筹考量，不能用唯一标准评价。只有坚持多重性原则，才可以全面了解大学生创业意向的趋势，从而为科学制定创业政策提供依据。

2. 制定科学的评价标准

高校创新创业教育具有突出的实践性特征，这不但要求高校在教育过程中突破精英化、理论化教学模式的约束，强调理论与实践的紧密结合，广泛采用"做中学"的实践教学方法，而且要在教育评价时采取与之相匹配的评价方法。试想，如果教学过程是"实践取向"，而评价方法是"应试取向"，那么不但会消解教学的效果，也会影响学生的积极性和主动性，最终束缚学生在亲身体验中寻求解决问题方法的创造力。为了解决这个问题，必须确立全新、科学、全面的评价标准。对于创新创业教育来说，考核一个学生的学习质量，要看学生感悟知识和运用知识的水平，要推动学生积极投身于更为广泛的思考与实际的社会，在实践中培养和锻炼学生的创新精神，进而考核创新创业教育总体培养质量。评价过程也不能单纯看大学生创办企业和创造岗位的数量，而是要看创新创业综合素质的提高，看创新能力的培养，看创业精神的养成。完备的创新创业教育质量评价指标，既要包括个体的主动学习精神和终身学习理念，也应涵盖个体意识、个性、能力、知识等方面，还应包括个体参与创业实践的内容。

3. 正确选择评价内容

由于高校创新创业教育具有比较明显的"时滞效应"，大学生创业数量、生涯满意度、对社会经济发展的贡献等指标，往往不能在创新创业教育项目开展期间或者结束之后立刻进行测评。所以，正确地选择评价的节点和相应的评价内容就显得尤其重要。有学者根据学生接受创业教育的实际效果，将创业教育的评价指标分为"短期指标"和"长期指标"两类，认为"不同时间段的创业培训项目应用不同评价指标体系。在创业教育项目刚刚结束时，用行动意向、知识和技能的获得和创业自我诊断能力的发展等指标来评价，而在创业教育项目结束10年后来考察其效果，则可以用对经济和社会的贡献、商业表现和工作满意度水平来衡量"。还有学者研究出基于时间的纵向评估指标，他们将创业教育评价细分为五个时段，在每个时段分别评价不同的内容。在创业教育学习期间，主要评价学生的报名数、课程数目和对创业的一般意识与兴趣；创业教育结束后不久，主要评价学生行动的意图、对知识与技能的掌握和自我诊断能力的发展情况；创业教育后的5年内，主要评价创业的数目、收购企业的数目和创业者职位的寻求和获得数目；创业教育后的5~10年，主要评价企业的声誉与可持续性、企业的创新与声誉级别的转换能力；创业教育10年以后，主要评价对社会和经济的贡献、商业表现和对职业的满意度。这种细分时段、细分内容的纵向评价方式可以更加准确地反映出高校创新创业教育的影响力。

4. 科学把握发展趋势

（1）评价取向由经济效应转向个人效能

创业教育的兴起与促进社会经济发展密不可分，因此在创业教育评价初期都以创业教育的经济效应作为取向。例如，通过参与和没有参与创业课程的人的比较来评价创业课程的经济效应，参加过创业教育的学习者是否引发其创业意向，或者用参加过创业教育的大学生创办企业的数量或创造的就业岗位数量来评价创业教育。

（2）评价模式由结果评价转向过程评价

在创业教育评价模式方面，国内外存在较大的差别。从已有的研究和评价实践来看，国内对于创业教育评价模式研究略显不足。绝大多数研究者避开评价模式，直接抛出大学生创业评价体系的构建，甚至简单地以指标体系的构建来取代关于评价体系构建的论述，只有少数研究集中在创业教育评价模式方面，在创业教育评价研究的系统性上较弱。造成这种情况的原因是国内教育评价研究的范式以"指标量化评语描述"为主要模式，多数研究者和评价实践者忽略了对其他模式的批判与借鉴。

（3）评价方法由单一转向多元

不同的评价模式对应不同的评价方法，创业教育评价发展初期多以层次分析法构建评价指标体系，用同行评议法、专家法、问卷调查法或德尔菲法等进行评价。随着创业教育模式的多元化，创业教育评价的方法也呈现出多元化的发展趋势，特别是随着计算机信息技术的快速发展，大数据的概念引入到创业教育评价领域，创业教育的评价方法已经不局限于教育评价领域固有的方法，越来越多的其他学科的理论和方法被引入到创业教育评价领域。再者，创业教育评价的研究者和实施者，在评价的过程中不再单一地使用一种方法，转而尝试不同方法的融合，这种融合体现在创业教育评价的不同阶段，不同的评价方法彼此联系或相互验证。因此，评价方法的多元化繁荣了高校创新创业教育评价的理论研究与实践，促进了高校创新创业教育的深入开展。

第四章　互联网时代大学生创新创业的机会

创业是发现市场需求，寻找市场机会，并通过投资经营企业满足这种需求的活动。所以，大学生要想创业首先就要学会及时抓住好的创新创业机会。尤其是在互联网时代，创新创业机会更是稍纵即逝。把握住好的创新创业机会，大学生创业就等于成功了一半。本章就主要从互联网时代背景出发，对大学生创新创业机会的识别、评估、开发以及创业项目的选择与实施进行论述。

第一节　大学生创新创业机会的识别

一、创新创业机会的特征

创新创业机会强调创新，是经由重新组合资源来创造一种新的方法与目标的关系，具有持续创造效益或者价值的潜力。具体来讲，它的特征表现为以下几点。

（一）隐蔽性

生活处处充满机会，机会每天都围绕在我们周围。可惜的是，大多数人都意识不到它的存在。这就是因为机会具有隐蔽性。对于创业机会来说，这种隐蔽性更加明显。通常情况下，那些价值越大的机会往往隐蔽性越强，因为竞争对手们也没那么容易发觉。可见，要想发现创业机会，就一定要有极其敏锐的眼光。

（二）可测性

创业机会的产生存在偶然因素也存在非偶然因素。尽管很多时候创业机会普遍存在于人们身边的事物中，但人们并不容易捕捉到它。当然，创业机会具有一定的可测性，人自身的素质、预测能力和对事物规律性的认识在很大程度上影响着创业机会的产生与否。如果你毫无准备，不具备一定的素质能力，那么机会也是很难出现的。

（三） 时代性

创业机会的时代性，就是指一定时代对各种创业机会留下的烙印和赋予的社会的色彩。社会色彩是指不同制度的社会对创业机会产生的影响。制度比较宽松，能在更为广阔的领域里为个人奋斗提供各种创业机会；制度结构比较严密，有许多领域是不能涉足的，当然那些领域中的创业机会就看不到了。社会色彩是指不同时代对创业机会产生的作用。例如，改革阶段，整个社会都充满对人才的渴望和呼唤，时代提供了前所未有的创业机会和条件，使得很多人的知识与才华都有用武之地。

（四） 易逝性

机会是一个非常态的、不确定的时间表现形式。虽然每天都可能会有创业机会出现，但同样的创业机会是很难在短时间内重新出现的。所谓"机不可失，时不再来"，创业机会那么容易失去，所以，一定要注意抓住它，让它成为你创业成功的起点，而不要在错过了之后追悔莫及。

（五） 盈利性

盈利性是创业机会存在的基础。大学生创业者追逐创业机会的根本目标是基于创业机会组建企业，进而获得财富。如果创业机会不具有盈利性，也就不是创业机会了。同时，创业机会的盈利性是潜在的。这需要大学生创业者不仅要拥有一定的知识和技能，而且要掌握比较丰富的相关领域的实际经验。因此，这也对创业机会的评价和识别造成一定的难度。例如，很多创业机会看起来似乎具备较大的盈利可能性，但是经过仔细推敲之后却发现是虚假信号。因此，在创业机会的识别和评价方面，需要大学生创业者投入更多精力。

（六） 创意性

从某种意义上说，创业机会是创意的一个"子集"。创业机会可以满足创意的诸多特征：来源广泛；具有较强的创新性；未来的发展带有很大的不确定性。但是，创业机会拥有大多数创意所不具备的一个重要特征——能满足消费者的某些需求，因而具有商业价值。这一特征使有价值的创业机会得以从众多创意中脱颖而出，成为大学生创业者关注的焦点。有用性及可行性是具有商业价值的创意的两个重要特性。如果大学生创业者仅仅有异想天开、天马行空的创意点子，那么对于创业并不会带来多大的帮助。

二、创新创业机会的类型

大学生对创新创业机会的类型有清楚的认识，对创新创业机会的把握就更好一些。最常见的创新创业机会有以下五种。

（一）潜在市场机会

这种机会是指隐藏在现有市场环境中，极其不易被发现的市场机会。这类机会往往蕴含巨大商机。潜在市场机会来源于技术细分市场和人们日益增长的多样化需求，大学生创业者要捕捉这类创新创业机会，需要对消费潮流和需求有密切的跟踪，对技术市场创新有详细的了解。这类创新创业机会一旦被发现，往往能得到快速发展，形成一个不错的创业项目。

（二）现有市场机会

在现有市场中，多多少少都存在一些不饱和需求，大学生创业者如果能够抓住这些需求，就很容易发现其中的创新创业机会。已有市场中的机会，由于市场参与者众多，机会容易被发现，所以竞争显得比较激烈。但是，大学生创业者在现有市场中选择机会，往往能降低其创业成本，并减少创业风险。

对于不完全竞争市场来说，企业间的不完全竞争状态决定了市场上会存在各种分类需求，不同企业都能在其中找到适合的市场份额，大学生创业者只要找到相应的需求，就能在其中有所作为。对于规模经济条件的市场来说，企业更注重规模效应作用，大学生创业者参与其中需要具备一定实力。对于企业集群的市场来说，某些特定产业内会出现一些相互有关联的企业集群，分工协作，具有较强的互补性。大学生创业者可根据行业特点，抓住企业集群市场中的空缺需求部分选择项目，以便加入企业集群网络，从而获得发展。

（三）衍生市场机会

原有的市场需求会因为经济活动的多样性或产业结构的调整等因素出现一

些变化，主要表现为衍生出一些新的需求。这些新的需求正是新的市场机会产生的基础。

随着服务业的发展，人们对于原有行业的要求越来越多样化，对于服务的层次要求也越来越细，对于小型化、定制化的服务需求越来越强烈。整个市场的开放性特点，使得中小企业有了更多可以涉足的领域。大学生创业者可在市场变化衍生出的机会中进行寻找。就当前来看，在互联网时代，很多领域都有不错的项目可待开发，大学生可适时把握相应的创业机会。

（四）边缘市场机会

市场经济是多元化经济，不同行业直接相互联系、相互影响，在各个行业的交叉结合部分，往往会产生大量市场机会。这些市场机会的隐蔽性特征较明显，不容易被直接发现，但是，一旦被发现，就成了大学生创业者的巨大财富，因为把握住边缘市场中的机会，是很容易走上成功之路的。

（五）未来市场机会

未来市场机会是相对于目前的现有市场机会而言的，其一般是由目前行业发展环境变化而带来的可能的市场机会。未来市场机会着重于预测，大学生创业者如能准确预测行业发展趋势，提前布局，就能在机会到来前做好充分准备，最终获得较好的项目优势。

三、创新创业机会的来源

创新创业机会的来源非常多，概括而言，主要有以下四种。

（一）来源于环境变化

很多研究者将大学生创业者定义为"寻找变化，并积极反应，把它当作机会充分利用起来的人"。变化就是机会，尤其是在今天这个充满不确定性因素的复杂动态环境中，蕴藏着各种良机，如产业结构调整带来的新产业发展契机、消费观念转变带来的新商机等。所以，环境变化是创新创业机会的重要来源，其变化主要包括宏观经济政策和制度变化、产业经济结构变化、社会和人口结构变化、价值观与生活理念变化、竞争环境变化、技术变革等。

（二）来源于市场需求

企业存在的根本目标就是满足市场需求，无论环境是否变化，创业机会大多时候都是源于市场需求。因此，市场中正想要解决的问题、生活中感到非常头疼的问题、新增的需求……这些问题都能催生出新的创业机会。

（三）来源于市场竞争

在分析竞争对手时，大学生创业者通常都会对自己与竞争对手之间的优势与劣势进行比较、分析，为的就是采取扬长避短或者差异化的策略，进而更好地满足消费者需求，拓展市场。因此，在市场竞争过程中，如果大学生创业者能够针对竞争对手的不足，来突出自己的优势采取差异化的产品或者服务方案，提供竞争对手不能满足的更具价值或更具个性的产品服务，那么，大学生创业者就会获得一个好的创业机会。

（四）来源于创新变革

事实证明，任何一种发明创造，任何一次技术革命，通常都会带来具有变革性、超额价值的新产品和新服务。所以，创新变革必然带来创新创业机会。一方面，创新变革者本身凭借长期积累的技术优势、创新实力，自然会产生来之不易的创业机会；另一方面，只要你善于发现机会，同样可以抓住对你来说"得来容易"的创业机会，成为受益者。例如，在当今互联网时代，你不进入互联网技术领域，掌握专业的互联网信息技术，也完全可以通过基本的互联网知识与技能、利用互联网平台，进行自主创业。

四、创新创业机会的识别

创新创业机会的识别就是基于大学生创业者特征以及环境变化等因素，大学生创业者从现有的产品、服务、原材料和组织方式等层面进行差距分析与判断，找出改进或者创造新方法的可能性，最终形成新的产品、新的服务、新的原材料以及新的组织方式。

（一）关键因素

大学生创业者特征及环境变化是影响创新创业机会识别的关键因素，具体内容如下。

1. 创业愿望

创业愿望是创业的原动力，只有拥有强烈的创业愿望，大学生创业者才有可能更多、更有效地发现和识别创新创业机会。反之，再好的创新创业机会也会与大学生创业者失之交臂。

2. 认知能力与创业技能

大家一般都会认为成功的大学生创业者比别人更灵敏，有突出的商业敏感度，能看到别人错过的机会。事实上，这得益于他们良好的认知能力与创业技能，其中包括大学生创业者所积累的行业知识、创业经验等。据研究显示，与创业机会识别相关的能力主要有远见与洞察能力、信息获取与分析能力、环境变化及技术发展趋势预测能力、模仿与创新能力、社会关系建立与维护能力、行业或创业领域知识与经验储备能力等。所以，大学生创业者要想更准确地识别创业机会，就应当不断提高自身的这些能力。

3. 先前经验

先前经验是决定个人认知能力、创业技能的重要因素，也是影响创业机会识别的重要因素。大多数大学生创业者的创业能力都是基于先前经验而不断成长的。大学生创业者在特定领域的经验和知识储备越多，就越容易看到并把握该领域内的创业机会，从而成功创业。

4. 社会资本

大学生创业者的社会资本是指与大学生创业者个人及组织所建立的各类社会连接在一起形成的一系列资源，实际上是大学生创业者各类社会资源价值的集中体现。大学生创业者的社会关系网络包括政府、金融机构、高校、专业支持机构、商业合作伙伴、朋友、家庭、同事等。由于社会资本如今对创业活动产生的影响越来越大，所以它与人力资本、财务资本一样备受创业研究与实践者的关注。在大学生创业者的社会网络中，基于信任与情感联系建立起来的关系，能够促使信息有效传递，使大学生创业者更好地获得信息，从而更容易识别出可能的创业机会。

5. 创新思维

创新创业的本质就是创造，因此创新创业机会的识别也要求发现新的方法，通过实践，最终形成新的产品、新的服务、新的原材料以及新的组织方式。很显然，创新思维对于创新创业机会识别及后续创新创业活动十分重要。在纷繁复杂的信息中，大学生创业者有没有可能挖掘出客户的需求，并提出具有创意性、产生新价值的产品或者服务解决方案，取决于大学生创业者的创新思维能力。如果缺乏一定的创新思维能力，即使获取了高价值信息甚至明确了消费者需求，也难以识别出蕴藏其中的创新创业机会。

6. 创业环境

环境的变化是创业机会的重要来源，所以环境对创新创业机会的识别也有较大的影响。创业环境是创业过程中多种因素的组合，包括宏观政策制度、产业结构、人口环境、技术环境、自然环境、市场环境、创业价值观等。这些因素发生变化往往会对大学生创业者识别创业机会产生较大的影响，甚至会影响大学生创业者的创业积极性。

（二）识别方法

识别创新创业机会时，大学生创业者首先要能够发现价值，其次要能够分析价值。在此基础上，可以通过以下方法进行识别。

1. 市场调研法

市场调研主要强调一手资料获取与二手资料获取两个方面。一手资料与信息可以通过与消费者、供应商、代理商等面对面沟通来获取，它能够帮助大学生创业者了解现在发生了什么以及未来将要发生什么。二手资料可以通过各类媒体、出版物、数据库获取，它能够帮助大学生创业者了解那些通过面对面沟通形式可能无法触及的一些有用的信息与资料。

获得丰富的信息资料后，大学生创业者要对这些资料进行分类并编码，便于自己随时查询、使用。尤其是针对自己的某个特定想法时，大学生创业者可以精准地通过现有的市场调研数据来发现可能的创新创业机会。

2. 问题导向法

创新创业机会可能源于一个组织或者个人面临的某个问题或者明确的需求，从这个角度出发去识别创新创业机会，也是最快速、最精准、最有效的一个方法。因为创业的根本目标是为消费者创造新的价值，解决消费者面临的问题。

在这个过程中，常用的方法就是不断与消费者沟通，不断吸取消费者的建议，基于消费者的需求创造性地推出新的产品或者服务。当然，在此基础上，大学生创业者再进行市场调研、系统分析，那么整个过程就更为科学、严谨。需要注意的是，在问题导向发现机会的过程中，要注意把握问题的难易度，不可不切实际地探寻问题解决方案。

3. 系统分析法

在经济发展日渐成熟的当今社会背景下，很多企业往往是在"夹缝中求生存，变化中寻商机"。因此，创新创业机会常常需要通过系统的分析才能够得以发现。所以，大学生创业者要学会系统分析法。具体来说，大学生创业者要借助市场调研的方式，从企业的宏观环境（社会、法律、技术、人口等）与微观环境（细分市场、消费者、竞争对手、供应商等）的变化中寻找新的消费者需求和新的商机。

4. 创新变革法

大学生创业者通过创新变革法也比较容易识别创新创业机会。这种方法尤其适用于高新技术、互联网行业。在这种创业机会的识别过程中，通常是针对目前明确的或者未来潜在的市场需求，探索相应的新技术、新方法、新知识或新模式，或者是利用已有的某项技术发明、商业创意来实现新的商业价值，而且一旦获得成功，大学生创业者凭借其具有变革性、超额价值的新产品或者新服务很容易就能够在市场中处于主导地位。但是，任何新生事物的成长都要经历艰难曲折，与其他任何方式相比，创新变革的方式难度更大，风险系数也更高。因为新技术或者新知识能否真正满足消费者的需求，尚需经历市场的考验，只有对其稳定性、先进性有了十足的把握，才能称得上获得了真正的创业机会，而且新技术的发明通常需要大量持续的资金、人力与物资投入。

五、互联网时代的创新创业机会

在当今互联网快速发展的时代，有关互联网的创新创业机会是非常多的，大学生可以用互联网思维来发现适合自己的创新创业机会。以下就是一些在互联网时代可能存在的创新创业机会。

（一）延伸服务

"互联网＋"的兴起会衍生一大批第三方服务企业，即"互联网＋服务商"。它们本身不会从事"互联网＋传统企业"的生产、制造及运营工作，但是会帮助线上及线下双方的协作，从事双方的对接工作，盈利方式则是双方对接成功后的服务费用及各种增值服务费用。这些增值服务内容丰富，包括培训、招聘、资源寻找、方案设计、设备引进、车间改造等。初期的"互联网＋服务商"是单体经营，后期则会发展成为复合体，也不排除会发展成为纯互联网模式的平台型企业。第三方服务涉及的领域包括大数据、云系统、电商平台、软件服务、智能设备、机器人、3D打印等。

（二）工业领域

传统制造企业采用移动互联网、云计算、大数据、物联网等信息通信技术，通过改造原有产品及研发生产方式，就形成了"互联网＋工业"。具体来说，借助移动互联网技术，传统制造企业可以在工业产品上增加网络软硬件模块，实现用户远程操控、数据自动采集分析等功能，极大地改善工业产品的使用体验。基于云计算技术，一些互联网企业打造了统一的智能产品软件服务平台，为不同企业生产的智能硬件设备提供统一的软件服务和技术支持，优化用户的使用体验，并实现各产品的互联互通，产生协同价值。根据相关调查发现，物联网技术有助于加快生产制造实时数据信息的感知、传送和分析，加快生产资源的优化配置。在互联网的帮助下，企业通过现有的"众包"平台，可以发布研发创意需求，广泛收集客户和外部人员的想法与智慧，从而大大扩展创意来源。

（三）农业领域

农业看起来离互联网最远，但"互联网＋农业"的潜力却是巨大的。农业是基础产业，"互联网＋"可以用数字技术提升农业生产效率，用信息技术对地块的土壤、肥力、气候等进行大数据分析，然后据此提供种植、施肥等方面的解决方案，大大提升农业生产效率。根据研究发现，农业信息的互联网化将有助于需求市场的对接，不仅可以利用互联网获取先进的技术信息，也可以通过大数据掌握最新的农产品价格走势，从而决定农业生产的重点。与此同时，农业电商将推动农业现代化进程，通过互联网交易平台减少农产品买卖的中间环节，增加收益。农业电商在互联网时代拥有巨大的市场空间。

（四）通信领域

随着互联网的发展，通信行业来自数据流量业务的收入已经大大超过语音业务的收入。流量业务并没有取代语音业务，但是不可否认，互联网促进了运营商进行相关业务的变革升级。根据观察，"互联网＋交通"已经在交通运输领域产生了"化学效应"，移动互联网催生了一批打车软件。它们虽然受到了一定的争议，但它们通过把移动互联网和传统的交通出行相结合，改善了人们的出行方式，推动了互联网共享经济的发展。

（五）金融领域

"互联网＋金融"的结合就组织形式上来看至少有三种方式：第一种是互联网公司做金融；第二种是金融机构的互联网化；第三种是互联网公司和金融机构合作。自从互联网嫁接金融的模式进入大众视野以来，互联网金融已经成为一个新金融行业，互联网供应链金融、网络信贷、互联网银行等纷纷出现，其为普通大众提供了更多元化的投资理财选择。大学生创业者也可以考虑"互联网＋金融"这一领域的创业机会。

（六）商贸领域

在零售、电子商务等领域，通过与互联网的结合，整个行业都出现了升级换代的现象。近几年来，随着网民数量的增加，电子商务交易额不断攀升。互联网经济逐渐成为经济增长的重要部分。所以，"互联网＋商贸"也是大学生创业者寻找创新创业机会的较好领域。

（七）教育领域

"互联网＋教育"会使未来的教学活动基本围绕互联网进行。老师在互联网上教，学生在互联网上学，信息在互联网上流动，知识在互联网上传播，线下活动逐渐成为线上活动的补充与拓展。因此，教育领域也是具有较好创业机会的领域。

第二节　大学生创新创业机会的评估与开发

一、大学生创新创业机会的评估

通常情况下，有不少大学生创业者可能识别了创新创业机会，但至于适不适合自己，是否具有发展前景，却没有一个概念。可见，在确定创业项目之前，对识别的创新创业机会进行科学评估是很有必要的，这样能够增加创业成功率。一般来说，大学生创业者对于创新创业机会的评估可从以下三个方面进行。

（一）自我评估

在评估创新创业机会时，大学生创业者首先要考虑的就是这个机会是否有利于发挥自己在技术、人脉、工作经验等方面的优势。例如，如果你想开办一家外贸企业，而你自己对外贸几乎一无所知，那么，你创业成功的概率就很小了。反之，如果你曾经在外贸行业干过很长一段时间，非常熟悉外贸业务及相关知识，也与一批客户建立了良好关系，那么，你创业成功的可能性就会大得多。

另外，创业需要面对方方面面的问题，如资金问题、管理问题、市场问题、人才问题等。如果你曾经有企业管理的经验，具备创造性的预见能力和捕捉商机的能力，就比较容易掌握这些问题，创业成功的概率也就大。反之则可能失败。

（二）市场评估

从市场方面对创新创业机会进行评估，通常需要注意以下六个方面的评估标准。

1. 市场定位

一个好的创业机会，必然具有特定市场定位，专注于满足消费者需求，同时能为消费者带来增值的效果。因此评估创业机会的时候，可依据市场定位是否明确、消费者需求分析是否清晰、消费者接触通道是否流畅、产品是否持续衍生等，来判断创业机会可能创造的市场价值。创业带给消费者的价值越高，创业成功的机会也会越大。一般来说，最好是选择那些产品能重复消费、渠道能重复使用的创业项目。所谓渠道能重复使用，就是商品流通和分销渠道应能使同类别的不同商品和新增商品长期反复使用。这样可以快速增加企业的销售额和利润，从而实现低成本发展。

2. 市场规模

市场规模大小与成长速度对企业的发展有着很重要的影响。一般而言，市场规模大者，比较容易进入市场，市场竞争激烈程度也会略微下降。但是，如果要进入的是一个十分成熟的市场，那么即使市场规模很大，由于成长空间比较小，利润空间也会很小，这种情况下的项目就不值得选择。反之，一个正在成长中的市场，通常也会是一个充满商机的市场，市场规模小也没有关系，只要进入的时机正确，必然会有获利的空间。

3. 市场结构

针对创业机会的市场结构要进行四方面的评估，包括市场进入障碍，与供货商、消费者、经销商的谈判能力，替代性竞争产品的威胁，以及市场内部竞争的激烈程度。评估这几项能够对新企业未来在市场中的定位，以及可能遭遇竞争对手反击的程度有所了解。

4. 市场渗透力

市场渗透力通俗来讲就是新产品占领市场的速度。市场渗透力强意味着新产品被消费者接受的速度就快，被接受的程度就深，新产品推广的成功概率就越大。因此，对于一个具有巨大市场潜力的创业机会，必须要将市场渗透力作为评估中的一项重要标准。

5. 市场占有率

一般而言，要成为市场的领导者，最少需要拥有 20% 以上的市场占有率。尤其是高科技产业，新企业必须拥有成为市场前几名的能力，才比较具有投资价值。至于某一创业项目的市场占有率，在创业机会的评估过程中就可以进行一定的预测。所以，大学生创业者不能忽视对市场占有率的评估。

6. 产品成本

产品的成本结构也可以反映出新企业的前景是否良好。所以，创新创业机会的评估中产品的成本结构也是评估的一个重要方面。一般来说，从物料与人工成本所占比重的高低、变动成本与固定成本的比重，以及经济规模产量大小，可以判断企业创造附加价值的潜力以及未来可能的获利空间。

（三）效益评估

1. 税后净利

一般而言，具有吸引力的创业机会，至少需要能够创造15%以上的税后净利。如果大学生创业者对于某一创业机会预估的税后净利在5%以下，那么就不值得投资。

2. 毛利率

毛利率高的创业机会，相对风险较低，也比较容易取得损益平衡。反之，毛利率低的创业机会，风险则较高，遇到决策失误或市场产生较大变化时，企业很容易遭受损失。一般而言，理想的毛利率是40%。当毛利率低于20%的时候，这个创业机会就不值得再考虑。

3. 投资回报率

创新创业必然会面临各种风险，所以，投资回报率经常是大学生创业者考虑的问题。合理的投资回报率应该在25%以上。一般来说，15%以下投资回报率的创业机会是不值得考虑的。

4. 资金需求量

资金需求量较低的创业机会，投资者一般会比较欢迎。很多事实也证明，资本额过高并不利于创业成功，有时还会带来稀释投资回报率的负面效果。通常，知识越密集的创业机会，对资金的需求量越低，投资回报反而会越高。因此在创业开始的时候，不要募集太多资金，最好通过盈余积累的方式来创造资金。而比较低的资本额，将有利于提高盈余。

5. 损益平衡

合理的损益平衡时间应该能在两年以内达到，但如果三年还达不到，那么很可能就不是一个值得投入的创业机会。当然，也要注意，有的创业机会确实需要经过比较长的耕耘时间，通过这些前期投入，才能保证后期的持续获利。

二、大学生创新创业机会的开发

创新创业机会的开发是指大学生创业者选择确定创业机会、构建创业所需的资源平台以及确定创办企业的过程。这一过程具体又包括以下四个方面。

（一）产生创意

当发现了某一创新创业机会后，大学生创业者还得有比较有吸引力并且具备较高可行性的点子。这个点子就是创意，它是所有大学生创业者创业成功的基础。没有产生创意之前，创新创业机会的意义还不是很大。但产生创意之后，创新创业机会就具有了被开发的意义。一般来说，有价值潜力的创意往往富有创新的人文内涵，能带来真正的价值，产生巨大的经济效益，同时，它也强调创新。

（二）收集信息

当创意产生后，收集相关信息、获取有价值的信息就变成了极为重要的事情。大多数好的商业机会不是突然出现，而是来自大学生创业者或企业家对各种可能性的警觉，更多情况下来自大学生创业者有计划的寻找。在有些情况下，可以建立一套识别可能机会的机制，比如有意识地关注了解产品的潜在用户的需要。即使没有正式的识别机制，但有些渠道是非常有帮助的。显然，信息在创业机会识别过程中具有核心作用。所以，大学生创业者决定创业之前，必须首先了解自己是否拥有优越的能够获取信息的渠道。具体来看，收集创新创业机会信息，可以通过以下渠道进行。

1. 现有企业

如果大学生创业者对于自己的创业方向有了一个大概的确定，那么可从行业内的现有企业来挖掘创新创业信息。大学生创业者对现有行业内的企业的产品或服务进行跟踪、分析和评价，发现它们的不足，从而有针对性地找到改进方法，或者寻找行业内现有企业尚未涉足或者比较薄弱的领域。在现有企业中寻找创业机会，大学生创业者很可能还会发现与该行业相关的创意。有时候小的商机也可能发展成为大的商机。只要你能细致、全面、客观、有预见性地分析现有企业，就能发现一般人难以察觉的创业机会。

2. 分销渠道

很多企业由于条件限制，并不能切实地了解消费者需求，而分销渠道直接和消费者接触，对于消费者和市场的了解程度远远高于企业。分销渠道是企业产品推向市场的直接通道，大学生创业者不仅能从它那里获取消费者的信息，而且可以依靠它推广自己的产品，很多新产品的推广工作就是由分销渠道进行的。保持和分销渠道的密切关系，有利于大学生创业者获取第一手的市场信息并提高在市场开拓上的效率，特别是在大学生创业者对进入的行业没有太多的经验的时候，分销商是企业重要的合作伙伴，很多创业机会都是从分销渠道中反映出来的。

3. 消费者

消费者是企业产品需要面对的最终购买者，直接到消费者中间去，了解和分析消费者的需求，是大学生创业者需要做的重要一步，也是创业机会的重要来源。很多企业自以为很了解消费者，实际上却往往以自己的感受代替了消费者的感受，不能全面地、客观地分析消费者的需求，导致产品滞销。

创业机会好不好，产品有没有市场，消费者最有发言权。大学生创业者需要掌握消费者需求的变化保持足够的敏感，对于不断涌现出来的新需求要快速地识别。大学生创业者需要从消费者对产品的任何评价甚至抱怨中获得创业的思路，深入到消费者中间去，做一个有心人，对身边任何人的需求保持敏感。这是成功的大学生创业者获取创业机会的重要源泉。

4. 研发机构

研发工作可能是在高校、科研机构、企业中，或者仅仅是个人行为。很多企业或者高校都拥有很强的研发能力，但由于种种原因没有实现产业化，或者没有发挥这些成果的最大效用，大学生创业者将其重新包装和推出，往往可以取得出人意料的效果。

（三）市场测试

大学生创业者自己认可的事物并不一定就是消费者所喜欢的事物，所以，对于出现的某一商机到底值不值得投资，不能简单地下结论，而是要进行市场测试。只有市场上消费者所偏好的事物，才可能是好的商机。至于如何进行市场测试，通常是将部分产品或服务直接送入市场进行推广。这与市场调查相似，但又不完全相同。市场调查并不会让消费者真正去购买，只是询问其是否愿意购买等，而市场测试是用真实的产品或服务让消费者消费。

（四）评估并确定创业机会

大学生创业者对创业机会的评估往往并不是独立进行的，很多时候，机会识别与机会评估是共同存在的。大学生创业者在开发创业机会时，几乎每一步都需要进行评估，也就是说，机会评估伴随在整个机会识别的过程中。在机会识别的初始阶段，大学生创业者可以非正式地调查市场需求和所需资源，直到确定这个机会值得考虑或是值得进一步开发；在机会开发的后期，这种评估变得较为规范，并且主要集中于考察这些资源的特定组合是否能够创造出足够的商业价值。

第三节　大学生创业项目的选择与实施

大学生创业者都知道项目选择的重要性，但对于正确地选择创业项目和进入时机可能都不太了解。正确选择合适的创业项目，是成功创业最重要的基础，所以每一位大学生创业者必须保持严谨的态度，按照自身的条件和实力对目标行业进行细致分析。

一、创业项目选择的相关因素

在选择创业项目时，大学生创业者一般要在充分认识自身条件的基础上，对各种创业项目的相关因素进行充分了解。概括来说，与创业项目选择相关的因素主要包括以下六个方面。

（一） 宏观环境与行业环境

宏观环境主要是指创业项目所处的外部环境，包括经济环境、社会环境和技术环境等。一般来说，宏观环境对企业有间接影响，但由于企业被动接受宏观因素，其影响程度通常非常大。因此，大学生创业者在项目实施前，应熟悉其宏观环境。

大学生创业者通过对宏观环境进行分析，有利于把握行业机遇，找准创业项目。经济环境一般是指能源和资源状况、交通物流状况、产业结构等。社会环境一般是指居民消费习惯、收入水平等。创业项目必然置身于一定的社会经济环境当中，对社会经济环境进行分析，能让大学生创业者找准项目定位。技术环境是指社会总体的技术发展水平及发展趋势，包括科技政策、技术发展趋势、科技水平等。

行业环境是指与创业项目直接相关的各种因素，包括供应商渠道、售后渠道、竞争对手等。不同行业的发展水平不同，其特征也不尽相同，大学生创业者对创业项目所属行业进行深入分析，了解该行业发展现状及趋势，有利于其发现新的机会，做出正确的决策。

（二） 市场竞争

一个参与企业多的市场，对新进企业往往并不友好，这就让新创企业面临较大的同业竞争压力，从而增加了创业难度。因此，在选择创业项目时，大学生创业者应充分考虑市场竞争因素，尽量选择竞争对手较少的项目领域，规避创业风险，减少创业压力，提升创业成功概率。

（三） 市场空间

市场空间是指某一项目在市场上的参与企业数量。在项目选择时，应通过充分调研项目相关市场信息，包括项目所在地的经济发展水平、居民消费水平等，进而估算出创业项目的市场空间。一般而言，市场空间大的项目在当前的参与企业较少，大学生创业者容易抢占一定市场份额，而市场空间小的项目，由于已经有众多企业参与，要获得快速发展相对困难较多。

（四）专业知识

大学生创业者在选择创业项目时，也要考虑自己的专业知识，毕竟在专业范围内更容易把握相关的内容，增加创业成功的概率。尤其是互联网时代中，大学生更倾向于一些网络创业项目。他们的专业多数与计算机或者经济管理相关，说明专业知识在网络创业中扮演着重要角色。

（五）技术要求

在创业项目包含技术产品时，必须进行产品技术分析。大学生创业者需要了解该技术的创新程度、技术难度、质量规范、市场反应等，要选择符合市场需求、具有可行性并具有发展潜力的技术，避免难度过大、不易操作的技术。

（六）团队及商业模式

团队构成、核心产品或技术、商业模式是衡量创业项目可行性的关键性因素，尤其在网络创业领域，团队的作用更加明显。投资创业团队，主要应考虑创业激情、坚持、经验、性格、价格、盈利能力等六个重要因素。创业最终是人的行为与活动，所以，在这几个因素中，前五个因素都是密切围绕大学生创业者个人展开的，而最后一个因素则是创业的目标。创业可以基于兴趣，但一切创业的最终目标必然指向盈利。创业项目能否盈利，又主要取决于该团队是否拥有独特的核心产品与技术，是否拥有可行并稳定的商业模式。

二、创业项目的选择原则

在互联网时代，大学生创业者选择创业项目时应当格外谨慎，不能盲目跟风，而要遵循一定的原则，做到有的放矢。具体来说，选择创业项目时，至少应遵循以下四个基本原则。

（一）创新原则

大学生创业者要想让自己的企业在市场竞争中立足，那么选择创业项目时，就一定要确保能有所创新。项目创新不一定是要开创全新的项目，更多的创新是在已有项目的基础上进行改良。对于创业企业来说，找到具有一定先进性并在某些方面具有独特优势的项目进行创新，同时平衡创新难度和企业发展速度，对于企业之后的发展至关重要。

（二）适合原则

大学生创业者在选择创业项目时不能只凭一时的兴趣，选择一些看起来比较炫目但操作困难很大的项目，因为这样会大幅增加创业的难度和风险。创业项目的难度大，风险大，必然会降低创业成功率。所以，创业项目的选择应结合企业资金状况、技术状况、市场状况等综合因素，选择可持续发展的项目，量力而行，通过一定时间的积累逐步形成优势，以利于创业企业健康发展。

（三）政策支持原则

大学生创业者在选择项目时，要对宏观经济情况有相应的了解，明确现阶段国家大力支持和提倡发展的行业，要做到心中有数。对应到具体项目，大学生创业者应优先选择国家鼓励、扶持并有前景的行业，争取获得政策支持和补贴。当然，大学生创业者对于政策限制的行业，应避免涉及，以免将来项目发展受限。

（四）社会需求原则

创业项目的选择应该符合社会需求，顺应市场发展。需求不足的市场意味着市场竞争加剧，此时进入则风险过高。需求旺盛的市场能给创业项目带来广阔的发展空间，让大学生创业者有更好的机会获得成功。因此，大学生创业者应进行充分的市场调研，了解当前市场需求，以需求为导向确立创业项目。

三、创业项目的评估

大学生创业者要想理性地选择创业项目，就不应当忽视对创业项目的评估。

（一）初始判断

大学生创业者对创业项目的评估，通常从初始判断开始。通过对项目做一个大概的假设和简单的估算，得到一个概括的收益指标，从而在宏观上作出创业项目是否可行的判断。这种初始判断在大方向上往往能使大学生创业者对创业项目拥有初步了解。

（二）特征判断

创业项目是否具有较高价值，一般从四个方面来判断就可得出结论：一是利润是否丰厚；二是是否具有持久性；三是市场需求是否旺盛，是否能快速满足变化的需求；四是产品和服务的附加价值如何，客户关系渠道是否有利。

（三）详细分析

在对创业项目进行初始判断和特征判断后，大学生创业者就要对创业项目进行更加微观的分析。这些分析主要包括以下四个方面。

1. 分析项目的成熟度

相对于市场上以前没有的新项目，已有项目的创业风险会小得多。大学生创业者在考虑项目时，不应一味地以求新为目标，应该充分考虑到已有成熟项目带来的便利性优势，如供应商渠道、销售渠道等。一般来说，刚刚度过种子期，正处于成长期，即将进入成熟期的项目最适合作为创业项目，因此对于大学生创业者来说，选择具有这样特点的项目，能增加创业成功率。

2. 分析项目资源的控制性

项目资源包括硬资源和软资源，分析创业项目资源的控制性也要从这两方面去考虑。项目硬资源如资金、设备等的控制权若在大学生创业者一方，则会给创业项目运行减轻很多的成本压力，促进创业项目的推进。项目软资源一般指广泛的社会资源，如果大学生创业者能掌握充足的软资源，则创业项目在未来将具有巨大发展潜力。

3. 比较市场产品

创业项目如果能做到在产品上具有比较优势，则能使企业在市场上获得一席之地。一般来说，如果一种产品的质量和同类产品差别不大但价格能优惠不少，则会获得更多消费者青睐，这样的产品相比同类产品在价格上具有一定的比较优势。大学生创业者应详细分析所选项目是否具有这样的价格比较优势，从而使企业处于市场竞争中的有利地位。

4. 分析创业项目的成长性

创业项目要获得成功，一定要具有较高成长性。一个需求饱和的市场，进入是没有太大发展空间的，而一个刚刚开发出来、有待进一步扩展的市场，往往预示着巨大的市场需求机会。此时进行创业，则创业企业将具有较高的成长性，未来往往具有极大的发展空间。

四、创业项目的实施

（一）环境定位

互联网有着十分惊人的发展速度，这一领域内几乎每一天都有新观念、新技术和新产品出现。在极为复杂多变的互联网环境中，如何快速有效地识别创业机会，做出合理的判断与定位，是大学生创业者面临的首要任务。如果大学生创业者选择的是网络创业项目，那么，大学生在进行环境定位时应注意以下三点。

第一，由于移动互联网具有巨大的市场优势，所以大学生创业者在网络创业中可将精力更多地投向移动互联网，可以与已经发展成熟的互联网巨头企业合作，借助其广大的平台优势获取流量与信息，来促进自身的发展。

第二，大学生创业者可以在充分考虑自身特点的基础上，选定一个适合自己的网络项目进行创业。

第三，大学生创业者应该认识到当前的一个重要趋势就是线上与线下的结合。在这一认识的基础上，就应当合理定位项目在线上和线下的关系和方向，在充分发挥自身优势的基础上，在一开始创业的时候就做出合理定位，将线上与线下有机结合起来。

（二）硬件准备

大学生创业者在依据互联网环境，并结合市场状况做出相关项目定位之后，就应对自己的硬件情况进行相应的准备工作，即启动资金、技术难度预估与渠道开放性分析。

1．启动资金准备

在一开始创业的时候，大学生创业者主要从家人、亲戚、朋友那里获得第一桶金，也就是启动资金。在当前鼓励创业的环境下，很多地方都出台了相关的创业扶持政策，例如给大学生创业者提供一部分无息贷款。需要注意的是，在准备启动资金时，大学生创业者要进行科学合理的资金评估，同时做好预算，并做好盈利空间和时间的预估。

2．技术难度预估

在互联网领域创业，技术特征是不得不考虑的一点。大学生创业者在选择具体的创业项目时，必须考虑项目的技术难度。一般来说，如果项目与自身的技术资源比较吻合，那么实施起来也就更容易一些。需要注意的一点是，创业项目的好坏很多时候并不在于技术含量的高低，而在于是否有创意。所以，大学生创业者如果自己不拥有相关的技术条件，也不用太担心，常见的一些技术问题其实通过一定的学习就能解决。没有时间学习，那也可以吸引相关技术人才加入创业团队，共同来处理项目上的技术问题。

3．渠道开放性分析

为了让创业项目顺利的实施，大学生创业者还应当充分了解该项目渠道的开放性。有时候，所选项目的市场潜力虽然不小，但如果在政策或者法律方面受到巨大的限制，那么所面临的风险也就非常大。一般来说，当发现项目的渠道开放性程度低时，大学生创业者就要对自己面临的情况做一个全面的分析，看看坚持实施这一项目是否值得，或者通过一定的人际沟通能不能解决问题，或者及时研发外围子项目。

（三）软件准备

除了基本硬件准备，大学生创业者还应该就自己的软件情况进行相应的准备。这主要指核心产品或技术、团队结构、商业模式。

1．核心产品或技术

创业的灵魂在于核心产品或技术。从很多成功的创业案例可知，具有创意的产品或技术更容易获得效益，使大学生创业者走向成功。创意是具有新颖性和创造性的想法，也是不同于寻常的解决方法。创意对创业来说非常重要，但它并不是想有就有的，大学生创业者需要不断熟悉创业环境，需要不断关注创业项目相关领域的热点和变化趋势，需要不断学习相关知识与经验，同时做好总结与反思，才能发现新的产品或技术。

2. 团队结构

在当前激烈的创业竞争环境中，团队的意义越来越大，尤其互联网产品的技术性更是强化了团队合作的重要性。从实践来看，大学生创业者单枪匹马取得创业成功的非常少。所以，大学生创业者在实施创业项目时，要十分注重团队的组建。团队成员要能够在知识、专业、技术、经验等方面很好地互补，切忌让不具有互补性的亲戚朋友都进入创业团队。

3. 商业模式

商业模式是指各种独特策略选择的集成，它是创业成功的重要保障。成功的商业模式必须能够突出企业的独特性。这种独特性表现在它如何界定目标客户及其需求和偏好，界定产品和服务以满足目标客户需求、界定业务运作内容和价值传递及沟通渠道，以客户可以接受的价格创造和提供吸引客户的产品，界定竞争者以保护价值不会很快流失等。

与传统创业相比，互联网创业在商业模式方面有一定的独特之处。互联网项目的发展依赖于流量的积累，但最终能否有效地把流量转化为实际利润，才是决定互联网企业规模与方向的核心因素。在传统互联网领域，许多互联网公司创造出了增值服务、竞价排名、网站加盟、商铺会员等多种组合构成的独特商业模式。当前阶段下，在移动互联网领域虽然还没有形成大家比较认可的稳定商业模式，但在移动游戏、电子商务、视频等一些细分领域，其模式流量变现能力已经得到快速提升。因此，大学生创业者在创业项目的实施过程中要认真分析与定位自己的商业模式。

第五章 互联网时代高校创新创业教育

第一节 课程体系的构建

一、高校创新创业教育课程的目标

经济和社会都在不断地向前发展，这促进了人们综合素质的不断提升，高校开展创新创业教育将成为一种必然趋势，其目标也会随着社会需求的变化而变化。创新创业教育不仅要确定基本原则，构建教育课程体系，还要确定创新创业教育内容、选择教学模式等。如今，创业教育主要通过课堂教育和实践教育相结合的方式来完成，为培养大量的具有创业技能和创新精神的复合型人才做出了巨大的贡献。完善的教学体系是进行创新创业教育的首要条件，这和培训机构开设技能培训课程有很大的区别。创新创业教育课程中技能的传授只是很小的部分，其核心在于对学生的创业意识和创新精神进行培养和提升，所以可以从以下两个层面制定高校的创新创业教育目标。

首先，要以创业意识的不断强化，创业技能的不断提升以及创业知识的不断丰富来作为创新创业教育的目标。学生在经过创新创业教育后能够更好地认识到创新创业的重要性，有利于提高学生的创新意识和创业能力，帮助学生正确认识目前的就业形势。创业素质教育能够鼓励更多的学生进行自主创业，既能解决自己的就业问题，还能提供大量的工作岗位，缓解目前严峻的就业形势。学生只有具有强烈的创新精神，才能有效地把握住创业机会，为以后的创业打好基础。综合来说，创新创业教育的目标就是培训学生的创新意识和创业精神，为学生以后的创业活动提供条件和营造氛围，让学生在创业中体会到满足感和成就感，提高创业成功率。

其次，开展一些专门的培训活动，为有创业想法和创新潜能的学生提供帮助，培育他们勤学苦练的意志，给予他们创业技能培训，激发他们的创业勇气，从创业技能和创业意识两个方面来激发他们的自主创业意识。学生规划能力、抽象思维能力、管理创新能力以及应变能力等的培养是创新创业教育的主要内容，团队合作精神、沟通技能提升也是创新创业教育必不可少的内容。这样才能使学生具备领导能力和融资能力，能带好自己的团队，处理突发事件。创业教育目标需要经过长期的、艰苦的奋斗和努力才能达成，而所有目标的实现都离不开实践。任何问题的发现和解决都是在实践中体现的。

（一）高校创新创业教育的共性目标

创业基本素质的培养是所有高校创新创业教育的共性目标。创业基本素质主要由两个方面组成：①先天影响因素，即人们常说的创业天赋，这是创业成功的基础和前提，是来自遗传的因素；②创业社会环境，它是大学生创业能否成功的后天影响因素。这两个因素在一定程度上具有比较稳定的特点，具体包括以下四个方面。

1. 创业意识

在整个创业过程中，创业意识的作用是非常明显的，可以体现出创业者的社会属性。它是创业者在创业活动中的心理素质的体现。它的作用主要体现在创业初期。其中，创业的基本动机、准确分析、管理者素质培养以及把握创业机遇等都是创业意识的主要组成内容。

2. 创业知识

创业知识是指创业者具备的创业知识和创业技能的总称，主要内容包括金融相关知识、法律法规相关知识、企业管理知识、营销策划活动能力以及管理能力等。在创业活动中，创业知识的地位是绝对核心的、关键的，也可以说创业知识是创业实践的前提和基础，对创业方式产生直接影响。所以，若想创业实践取得成功，必须具备一定的创业知识。

3. 创业能力

创业能力多受后天因素影响，具体指创业者从学习和实践中获得的，对创业活动成功率形成直接影响的不同因素的总称。创业能力是创业者进行创业活动的必备条件。创业能力的内容主要包括创业者的领导和人际交往能力、创业者把握市场商机的能力、创业者的团队合作能力和决策能力等。

4. 创业品质

创业品质是创业者在创业活动中所表现出来的个人道德品质。创业活动要获得成功并取得可持续发展，就必然要求创业者具备一定的创业品质，这样才能让创业活动符合相关法律法规的要求，且不会在创业过程中出现违法乱纪的行为，这是创业实践顺利进行的必要基础。一般来说，创业者的社会道德认知、社会责任感、自我情绪控制能力以及思维行为模式等都是创业品质的表现。

（二） 高校创新创业教育的个性目标

创业活动的开展是建立在创新创业教育的共性目标基础上的，创业活动的顺利开展离不开系统的创新创业教育，特别是开创性教育对创业的成功有非常大的影响。高校的开创性教育必然需要先建立一个个性化的创业教育目标。创新创业教育的本质就是创造性教育，它也是高校创新创业教育个性化目标的体现。简言之，培养和提高创业者的创业技能和创业知识，充分利用社会环境的影响，使创业者具备一定的创业综合素质，也是高校创新创业教育的个性化目标。开创性教育的主要内容有以下四个方面。

1. 敏锐的洞察力和决策力

创业前瞻性是一个成功的创业者所必备的素质，有利于创业者准确地预测市场变化，把握市场商机和发展机遇，具备一定的市场竞争力。在做出创业决策的过程中，创业者需要具备一定的自主性，并具有决策能力，在强烈的创业意识推动下，合理地对自己的创业能力进行分析和判断。

2. 冒险精神和竞争意识

创业者在创业过程中需要具备一定的冒险精神，这样才能及时抓住市场发展机遇，并要勇于尝试和实践，不怕失败和挫折。创业者要理性地看待市场竞争，面对市场竞争要奋起直上，不退缩、不害怕，敢于和对手竞争。

3. 坚强意志和创新能力

创业过程是一个长期的、艰辛的过程，难免会遇到挫折、困难，特别是在创业初期和创业瓶颈期。这需要创业者具有坚强的意志力，不怕困难，妥善处理问题。创业过程本身就是一种创造性的活动，打破常规是其最主要的特征，因此创业者的创新能力也是必不可少的。

4. 适应市场的能力

面临着瞬息万变的市场环境，要做好面对政策制度、地理位置以及环境随时变化的准备，要具备一定的市场应变能力。创业者的领导能力是创业成功的重要影响因素，要对全局进行把握，特别是在创业环境产生变化时，更需要有冷静应对的能力，吸取各方面的建议，及时做出合理科学的决策。这个过程中，交流沟通能力也是创业活动能够顺利进行的重要影响因素。良好的沟通交流能最大限度地激发团队力量，为创业成功营造有利的生存环境。

二、高校创新创业教育课程体系发展现状

目前，各级各类高校都开始进行创新创业教育课程教学，并且在各个方面都取得了较好的成绩，如内容的设置、学校的重视度、学生的参与度以及课程体系的建设方面等。

（一）初步形成创新创业教育课程体系

高校对创新创业教育工作的重视程度越来越高，创新创业教育课程的覆盖率也越来越高，不仅有利于创新创业教育课程体系建设工作的开展，而且还使创新创业教育课程逐步受到更多学生的认可和喜爱，并且激发更多学生进行自主创业。高校对学生创新意识和创业精神培养的方式方法不断完善，不断促进课程体系的多元化发展，为社会输送了大批综合素质高的复合型人才。

1. 课程覆盖面广

在高校越来越重视创新创业教育的大环境下，创新创业教育课程逐步在高校中得到普及。很多学校的公共选修课程中也开始涉及创新创业教育，让越来越多的学生接触到创新创业教育课程，这有利于提高全民创业意识，促进大批的学生开始尝试自主创业。

2. 课程体系多样

现在，高校的创新创业教育课程体系开始向着多元化方向发展，通常分为三个主要类别：①创业通识课程，这一课程是针对所有学生开设的，其目标是培养学生的创业意识和创业精神；②创业教育课程，这一课程是针对创业班设

立的，其目标是促进学生参与自主创业实践；③由相关组织建立的创业教育课程。其对创业知识和创业技能的普及都有一定的促进作用。

3. 创业课程与专业融合

学生创业精神和创业意识的培养只是高校创新创业教育的一部分，未来创业教育的发展趋势必然是创业教育课程和专业课程的高度融合。这将促进高校创业教育的快速发展。专业教育与创业教育的结合有利于专业学科的前沿知识和交叉学科的前沿知识进行融合，促进学生的全面发展和综合素质的提高。另外，通过融合创业课程和专业课程，能在一定程度上激励学生参与实践活动，进而使学生更好地掌握专业知识，为学生的创业发展提供支持。

（二） 创新创业教育课程实施的问题

各种不利因素的制约导致高校创新创业教育课程的实施效果不好，其主要问题在于课程的整合度还有待进一步提高，没有合理、科学地安排课程内容，教学方法的有效性不高等方面。

1. 课程体系的整合度有待提高

创新创业教育课程体系整合度较弱的问题已经成为高校的通病。各高校为了响应创新创业教育政策而进行了不同形式的创新创业教育课程研发，其管理和实施主体都各有不同，所以各个课程体系之间无法进行有效整合，而且资源分散、资源利用率低、共享优势不突出，出现资源重复和浪费的现象。

高校中多个管理主体的现象也是非常普遍的问题，人力和物力的浪费比较明显，资源整合度低、不便于统一管理的问题也逐渐凸显出来。造成这种情况的主要原因是：很多高校都只是为了完成任务，敷衍了事，呈现出较为明显的任务主导型趋向，没有合理的发展内动力推动，而且还有一些高校以学术研究为目标，对创业教育的重视程度有限，往往将创业教育放在人才培养目标之外。

2. 课程内容编排缺乏合理性

合理的课程内容编排是非常关键的。想要培养高素质的创业型人才，就需要科学合理的教材来予以引导。而从现状来看，很多高校的创新创业教育课程缺乏规范性和权威性的教材；运用的教材或者是简单复制和翻译的其他教材，没有考虑本校的实际情况和发展要求；或者是将零散的创业活动实践进行简单的叠加整理，没有深刻的理论依据，合理性也大打折扣；或者是学校进行自主研发的教材，科学论证不足，没有将创业教育的理论深度和实践发展体现出来，指导意义也非常有限。

3. 教学方法有效性有待提升

教学方法的选择尤为重要，但是目前高校采取的创新教育教学方法非常有限，具有实践性和时效性都不强的问题。高校一般采用讲授式的方法进行通识类的创业教育课程教学，而且每个学期安排的参观实习也有限，通常只有一到两次。针对专业类创业教育教学，采取的主要教学方式则是对创业理论知识进行讲授，并以专家讲座和实习参观作为辅助教学手段。由此可以看出，对理论知识的讲授成为创新创业教育的主要课程，与传统的教学方法相比，并无特别的优势。缺乏实践性也是创业教学方法的一个重要不足之处，建立在项目上的教学方法对创业教育的专业特色把握不足，所以其针对性往往不强，高校的创业教育多以讲座和讲授形式为主，而较少进行创业实际技能培训。

三、高校创新创业教育课程体系构建

创新创业教育是一种实践性很强的教育。高校的创业教育离不开课堂，同时，创业教育与普通的教育又有较大的区别，如何设置高校创业教育的课程也成了不少专家学者探讨的话题。目前，针对高校创业教育课程体系的设置有三种思路：①按照授课内容的不同分为实践性课程和理论性课程；②按照课程表现形式不同分为隐性课程和显性课程；③按照授课形式不同划分为学科课程、环境课程、活动课程和创业课程。

（一）设置创新创业教育基础课程

创新创业教育基础课程是为了奠定创业者开展创业活动的基础而设置的，旨在为创业者构建创业基本理论体系，使其认识创业是什么，创业所需要准备的知识和技能储备有哪些。基于此，可以从创新创业教育基本理论、创新创业教育专业理论和创新创业教育辅助课程三个方面设置。

1. 基本理论课程

创新创业教育基本理论课程设置的目标是使学生认识到创业的意义，介绍最基本的创业理论。具体的课程包含创业学概论、创业基础理论、创业辅导等。

（1）创业学概论是创业教育的基础，主要目标在于让准备创业的学生认识创业，并让学生了解创业活动需要做的准备工作，创业活动的步骤及创业活动中所要运用的知识有哪些，创业学概论是创业教育的入门课程。

（2）创业基础理论是在创业学概论的基础上进一步介绍创业相关知识的课程，通过该课程让创业者认识其应具备的创业素质和基本能力有哪些，介绍国内外成功创业者的基本案例，以期激发创业者的热情，并使其了解创业企业的成长和发展历程。

（3）创业辅导是指在介绍创业基本知识的基础上，进一步阐述创业活动的现实意义以及创业活动的未来发展，并适当讲解创业活动中的行为、思维方式。让学生在创业活动过程中了解市场，充分利用各种资源，合理处理各种人际关系与发展问题。

2. 专业理论课程

创新创业教育专业理论课程设置旨在详细为学生讲解创业过程中所需要的各科知识，主要包含创业法律基础、创业案例研究、管理学、市场营销学。

（1）创业法律基础是开展创业教育的基础课程，其目标是为学生介绍相关法律法规。该课程的学习可以使学生能够知法、懂法、守法，在法律允许范围内开展创业活动，做到自己不违法，并懂得用法律保护自己。

（2）创业案例研究是让创业者了解真实案例，并通过分析成功和失败的创业案例的原因，找到成功或失败的关键环节，为自己在创业实践活动中积累宝贵的经验，并能够从失败案例中吸取教训，避免重蹈覆辙。

（3）管理学是企业管理的基础性课程。该课程的学习可以使创业者在创业活动中学会计划、组织、管理、决策等管理中常规性的过程和步骤，学会对市场做出正确的评价和选择，提高把握市场机遇的能力。

（4）市场营销学是一门介绍市场基本规律和特点的课程，通过该课程的学习，学生可以对市场概念有深入的认识，为其在创业活动中把握市场机遇奠定基础。该课程主要介绍市场环境和消费者行为及如何进行市场分析，选择合理的营销策略，对市场营销活动的基本程序和方式方法有详细的了解和认识，使学生在创业活动中可正确运用市场营销方法，获得市场份额。

3. 辅助课程

创新创业教育辅助课程是为进一步提升学生的创业活动质量而设立的。创业教育辅助课程体系是一类由多学科构成的课程体系，应根据不同学生的特点来设立，应充分考虑学生的学科背景、知识基础、兴趣爱好等特征，应尽可能地满足不同的需求。创业教育辅助课程体系还应将重点放在激发有创业意愿学生的创业兴趣、培养企业家精神、开拓学生视野等方面。

同时，在构建创业教育辅助课程体系时，可以结合学校的师资力量，充分合理地运用现有的师资资源。可以在学校现有师资基础上经过适当的培训来培养创业教育专业教师。创业教育辅助课程体系在校内以选修课的形式开展，学生可以根据自己的爱好选择不同的课程来学习，以期达到提高创业教育质量的目标。

（二）设置创新创业教育活动课程

创新创业教育本身是一门实践性很强的课程，因此，创新创业教育课程改革中活动课程的设置尤为重要。创新创业教育的活动过程旨在让学生通过具体实践，了解创业活动的整体流程，并在具体创业活动中找到自己感兴趣的方向，能够将自己所掌握的知识、信息、技能和资源具体运用到具体的创业活动中去，并在此过程中能够了解和掌握创业活动的基本细节，为真正创业奠定坚实基础。创新创业教育的活动课程主要有以下四种。

1. 集体活动课程

创新创业教育集体活动课程具有广泛性的特征，该课程应根据高校的总体创业教育目标，面向全校学生设置，旨在达到全面认识创业活动，了解企业真正运作流程的目标。其开展形式可采用报告或讲座形式，由学校邀请创业教育专家或成功创业者与学生开展面对面的交流，使学生能够从他们的亲身创业经历中获取所需，起到培养学生创业精神和提高其创业素质的作用。

2. 专题活动课程

创新创业教育专题活动课程是在创业教育集体活动课程的基础上，专门针对创业活动中某个环节而开展的创业教育实践活动。创新创业教育专题活动课程所选择的专题环节一般是创业活动中重要的环节，如营销环节、决策环节等。

当然，也可根据学生的需求，就某一个他们感兴趣的环节或是他们认为困难的环节而展开主题活动。创新创业教育专题活动通常采用商业计划竞赛的形式组织开展，从而培养和锻炼学生的团队合作意识、竞争意识等。常见的创新创业教育专题课程有模拟营销大赛以及参观企业了解企业文化和企业运作流程等。

3. 项目活动课程

创新创业教育项目活动课程是按照高校开展创业教育的目标，在创业教师的引导下，学生在明确自己创业活动的主题下，自行设计创业活动项目，并且在学校的支持下，实践自己的创业活动，最终完成整个创业活动，然后再对自己的创业活动全过程进行自我总结，以期来丰富学生的创业经验。对创业教育项目的实施可以强化学生在创业过程中的独立判断能力、自我管理能力，培养学生具备企业家的基本素养，使学生在项目活动过程中得到全方位锻炼。

4. 项目潜在课程

创新创业教育项目潜在课程强调的是在高校里营造一种创业活动氛围，通过创业活动氛围来潜移默化地影响学生，培养学生的基本创业品质，提高学校创业教育发展水平和质量。创新创业教育项目潜在课程还可以通过学校已有的条件激励学生开展创业活动，培养学生的创业精神。

（三）设置创新创业教育实践课程

创新创业教育实践课程有利于提高学生对企业知识的运用能力，有利于开拓学生的视野，培养学生的创业技能。创新创业教育实践课程主要分为模拟创业实验和创业实践两种形式。

模拟创业实验过程是一种创新仿真实验，学生可以模拟体现创业者经历的各个阶段，体验从创业决策、创业项目选择、团队组建、管理企业到产品推广的整个创业过程。模拟创业实验还可以通过案例分析形式进行，使学生进入具体案例之中，将自己想象成创业者，并且分析自己在创业过程中出现的问题与各种做法。模拟创业实验要开设沟通技巧训练、商业营销模式、商务案例分析、商业计划与培训体验等课程。

创业实践是为了将创业理论与实践结合。指导大学生创业实践可以通过两种方式进行：①利用校内的专业实习平台，让学生进入学校的后勤、投资等部门体验，使其能够积累丰富的人际交往经验；②开展校企合作，通过与企业的沟通和洽谈，让更多学生进入企业实习，能够了解企业的经营与发展模式，积累处理各种问题的经验，为其未来创业打下坚实的基础。

四、高校创新创业教育的学科化发展

（一）高校创新创业教育的学科化发展概况

当前，高校创新创业教育深化改革呈现出向纵深发展的良好态势。切实增强高校创新创业教育发展的内生动力，根本途径是切实加强创新创业教育学科建设，厚植创新创业教育在高校的学科基础。高校内部的学术发展可以细分为不同学科，学科建设是高校建设的基本内容，任何一门学问都要找到自己的学科依托。

由于当前高校创新创业教育还不是一门独立学科，而是正在为建设一个成熟的学科体系积累前期条件，因此本书使用了"学科化"的提法。所谓"学科化"，就是一个走向"科学化"的过程。"学科化"更加关注过程而不是结果。针对研究过程中存在的研究方法和研究程序不规范或规范性不够的问题，更加关注建立研究的相对独立规则，引导研究走向规范化；针对研究过程中产生的业余性、感悟性和议论性成果，更加关注专业精神和专业态度的培养，推动研究走向专业化；针对研究过程中普遍存在的宏大叙事和主观臆测，更加注重获得相对精确的知识和建构相对系统的理论，确保研究的科学化。在当前形势下，学科化是明确高校一线工作者和专业教师的学科"归属感"，促进"学术职业"发展的有效载体；是明确创新创业教育目标定位，有效克服功利主义价值倾向的重要途径；是推动创新创业教育与实践走向规范化、专业化和科学化，使创新创业成为管理者办学、教师教学、学生求学的理性认知与行动自觉，进而实现持续发展的内生动力。

（二）高校创新创业教育的学科化特征

全面准确把握高校创新创业教育的学科化特征是加强学科建设的基本前提和科学基础。高校创新创业教育学科建设要构建开放的协同育人机制；要主动顺应大众创业、万众创新的时代潮流；以人才驱动实现创新驱动，培养适应时代需要的创新创业人才；使整体性、开放性和时代性成为当前高校创新创业教育学科化的基本特征。

1. 整体性

若想使创新创业教育实现学科化，需要进行系统的整合工作。对于能够制约这项工作的心理和社会因素以及对这项工作产生影响的因素都需要统筹考虑，如经济发展、文化发展、科技创新和社会进步等因素，除此之外，还需要统筹诸多外部因素。若想理顺这些因素之间的关系，则需要结合与之相关的学科知识，综合使用各种学科方法、概念以及技术手段，构建高校创新创业教育的方法、知识和原理体系。

创新创业教育绝对不是市场营销、金融财务、人力资源、质量控制等管理课程简单相加的结果，需要围绕着一个企业的生命周期将这些知识构建为一个体系，以"基于创业过程模型的全新方法"将独立分散的职能性课程加以整合，从而有助于学生对创业过程形成全面而深刻的理解。这就是为什么很多高校虽然有着雄厚的学术基础，但在开展创新创业教育时却无法收到应有效果的原因所在。到目前为止，高校开设的管理课程仍然以职能性课程为主，对创新与整合性课程重视不够，与时代发展的要求不一致。从整体上建构创新创业教育体系是近年来高校创新创业教育研究与实践的重要发展趋势。

2. 开放性

创新创业教育的主要过程在高校内部完成，但教育的平台和资源却需要社会和企业共同提供。协调和汇聚资源使其形成合力共同为学生的全面发展服务，是创新创业教育必须解决的关键问题，因此，创新创业教育成为联系各方关系的桥梁和纽带。创新创业教育具有的开放性特征对于学科发展取向、教师素质要求和教学方法改革都提出了新的更高的要求。

第一，创新创业教育的学科发展取向不能指向纯粹的理论探究，也不能停留于对未来美好教育理想的描述，而要"直通"现实的培养。创新创业教育的开放性，既要对新的教育取向进行引导，又要在教育取向到教育工程的技术转换过程中进行示范，实现理论和实践的统筹兼顾，设计与实施的紧密结合。

第二，需要从事创新创业教育的教师成为一个优秀的社会活动家，既要脚踏实地，获得支持、汇聚资源；也要以国际的视野和胸襟，熟练运用"请进来、走出去、全面掌控前沿信息"的方法，搭建大平台，汇聚大资源，为学生的长远发展服务。

第三，开放性的学科化特征要求创新创业教育的主要任务是着重解释"做什么""如何做"，这种全新的教学任务需要高校重新思考"教什么"和"如何教"的问题。

第四，创新创业教育不能只局限于传统教育形式，要充分考虑到创业教育领域"缄默知识"大量存在的事实，要求创新创业教育回归到它的本源；学习和研究创新创业教育也必须面向丰富多彩的创新创业实践，使学生在实践的过程中接受检验，并随着实践的发展而发展。

3．时代性

高校创新创业教育理论研究和实践活动的深入开展与所处时代的主体特征有着密切联系。就业形势严峻并非当今时代的唯一特征，以知识经济为主导的世界经济形态更加凸显了创新创业精神的重要性。知识经济时代以经济知识化和社会信息化为主要特征，高校必须改变传统的只传授现成知识的教育模式，而要树立创造性的教育思想，尤其是培养学生的创新精神。知识经济时代的高校已经转移到中心，直接成为催生新兴产业和推动经济发展的主要力量。高校培养的创新创业型人才成为知识经济时代社会发展的重要推动力量，他们不再是工作岗位的寻找者，而是工作机会的创造者。正是他们创造的新兴产业，为以高校毕业生为主体的大学生就业群体创造了实现人生价值的平台。当今时代，创新成为社会进步的灵魂和引领发展的第一动力，创业成为推动经济社会发展、改善民生的重要途径。创新创业成为驱动经济发展的动力引擎，我们必须通过创新创业教育，加快培养规模宏大、富有创新精神、勇于投身实践的创新创业人才队伍。

（三）高校创新创业教育的学科化发展方向

高校的创新创业教育发展过程受到社会的驱动，正向大众创业和万众创新的方向发展。创新创业已经成为社会经济发展的重要引擎。加强对创新创业教育任务长久性的深刻认识变得十分重要，创新创业教育并不仅仅是为了临时解决社会问题制定的紧急措施，而是对人才进行全面高质量培养，实现大众创业、万众创新的重要举措。在促进高校创新创业教育的学科建设时，应当结合追求"专业式""广谱式"发展，以及问题与学科导向并进。

1．"专业式"与"广谱式"相结合

"专业式"创新创业教育起源于美国。哈佛大学商学院曾于1947年创立了

创业企业管理课程。美国高校创业教育由此开始形成三个传统：①以商学院（管理学院）为主体进行高校创业教育；②培养与创业教育紧密相关的工商管理学生；③新创企业管理成为创业教育的目标。"专业式"的创新创业教育积累了众多的原始资本，如教师、案例和教材等，高校创新创业教育也因此得以成长与成熟。

"广谱式"创新创业教育从20世纪90年代开始发展，与"专业式"创新创业教育相对应。高校全体学生是"广谱式"创新创业教育课程的主体。此课程的主要目标是使全校学生的创业能力和素养得到提升。这些年来，"广谱式"创新创业教育发展迅速，高校都在朝这个方向发展，地方的创业课程开始广为流行。为了实现"专业式"与"广谱式"创新创业教育的并进，高校应当创造一定的条件，使得高校创新创业教育能够学科化。

先进理念是"广谱式"创新创业教育最突出的优势，在对多数进行考虑的同时，也不会忽略少数，能够全面覆盖、统筹兼顾；目标明确是"专业式"创新创业教育最突出的优势，具备雄厚的培养学生实际创业能力的基础。若要实现高校创新创业教育的学科化，则应当将指导理念设定为"广谱式"教育理念，将依托设定为"专业式"创新创业教育的专业，使二者相辅相成，充分发挥"专业式"创新创业教育对学生创新能力的提升作用，同时，又应当对创新创业教育项目中的工程、艺术和科技等专业进行广泛拓展。一方面，广泛地开展"广谱式"创新创业教育，普遍培养与提高大学生的创新思维意识与能力；另一方面，创立创业实验班为有创业意向的学生提供学习机会，使这些学生能够在创业的前期以及整个过程得到有效的教育咨询援助。

2. "问题导向"与"学科导向"相结合

"问题导向"是高校创新创业教育研究与实践的开端。在政策的推动下，高校创新创业教育研究与实践将立足于解决就业困难等问题，为了社会和谐稳定，两种灵活就业的方式应运而生，其中之一就是自主创业，其可以解决大学生的就业问题。高校创新创业教育研究与实践的目标是缓解就业压力，这一研究的主要模式是"问题导向"，十分注重对策性和应用性的研究。

一方面，学科化进程可以将学科建设与现实问题解决进行内部统一。创新创业教育专家应当积极关注大学生的就业问题，不能僵硬地进行学科分类而不去承认现实问题的重要性。另一方面，研究热点问题虽然是重中之重，但学科建设作为热点问题研究的支撑依然不可忽视，因此，高校创新创业教育需要深入地对大学生就业等重难点问题进行研究。另外，整体设计和学科建设问题也是长远的规划，应当夯实学科模式和体系构建的基础，确立坚定的创新创业教育价值取向。表面上看学科体系构建问题在问题导向的过程中被忽略，但学科化进程中会包含问题解决的过程。

第二节　实践教学体系的构建

一、高校创新创业教育实践教学体系概述

（一）实践教学体系的内涵

实践教学是相对于理论教学的各种教学活动的总称，包括实验、实习、实际设计、工程测绘、社会调查等，旨在使学生获得感性知识，掌握技能、技巧，并养成理论联系实际的素养和独立工作的能力。这种对实践教学的定义是从其内涵和外延来界定的。

按照系统论的思想，教学体系是指为了达到教育目标，而由教学活动相关要素构成的，并以一定稳定结构形式存在的，实现特定教学功能的，相互影响、相互作用的有机整体。对于教学体系的构成要素，有经典的三要素说，即"学生、教师和教材"，但是现在大部分学者认为教学体系的构成除了学生、教师和教材外，还应包括教学目标、教学内容和教学环境。

实践教学体系也是一个有机的整体，大部分学者都认为其有狭义和广义的内涵之分。总体来说，由目标、内容、管理、评估体系等要素构成实践教学体系整体是按照其广义层面来描述的；而狭义的实践教学体系是指实践教学的内容体系。该体系把实验、实训、实习、毕业论文等环节作为实践教学活动，把体系的管理、评估、条件保障作为实践教学体系的环境资源。因此，实践教学体系是以实践教学人才培养目标为核心前提，以实践教学活动为主体内容，并以相应环境资源作为支持条件的一个有机联系的整体。

（二）构建实践教学体系的理论依据

实践教学是和社会诸多领域有着紧密联系的实践活动，实践教学体系的构建也涉及各种与之相关的社会因素。在综合考察实践教学内涵的基础上，

实践教学与学习论的思想密不可分。它们不仅为实践教学体系设计提供理论指导，也为人们认识教育本质、确立教学目标、选择教学内容等教育问题提供重要的理论依据。

一直以来，学者们对学习的探讨从未停止过，无论是行为主义心理学创造的"刺激—反应"学习理论，还是认知主义心理学家对人类认知过程及组成因素的研究。社会因素和个体因素已经成为学者们关注的焦点，特别是建构主义学习理论对教育思想产生了重大影响。

建构主义学习理论认为，知识、技能不是被动积累的，而是学习者积极实践的结果。知识、技能的建构必须从激发学习者的学习动机开始，而传统的教育模式往往是先理论后实践，实践能力弱的学生在社会上往往缺乏核心竞争力。所以，必须确立实践教学在创新创业人才培养过程中的主体地位，学习者的学习过程要关注知识、技能的连贯性和教学内容的情境性。高校可以使用情境教学方法，使学习内容具有真实性任务，使学习行为在与现实情境相似的情境中产生。实践教学是符合情境教学要求的，可以使学生通过具体的社会实践、实训、实习等实践环节，在解决具体问题情景中，积极主动地建构自己的理解过程和创造过程。

（三）实践教学体系在创新创业能力培养中的作用

高校通过实践教学，培养学生的实践动手能力和发现问题、解决问题的能力。在创新创业人才培养中，学生创新创业能力的核心就是创新，而创业则是在具备一定程度创新的基础上升华得到的。实践能力是创新能力发展的基础，高校构建面向创新创业能力培养的实践教学体系是符合现代教育要求和社会人才需求的。

第一，构建实践教学体系是连接学生理论知识和实践能力的重要手段。学以致用是人们知识获取和使用的目标，而实现这个目标的过程就是通过实践教学。实践教学培养学生运用知识、创造知识的能力，使学生能真正发挥理论指导实践的作用，为其毕业后进入社会工作创造必要条件。

第二，实践教学体系是本科教学体系的重要组成部分。高校本科教学的培养目标和专业人才培养目标的实现，都离不开实践教学这一举足轻重的关键环节。实践教学培养学生的实践能力、创新能力和创业潜能，而只有实践教学体系才能更加系统化地发挥实践教学的作用，是学生能力发展的必要条件。

第三，实践教学是学生创新能力培养的基础。学生创业潜能的激发离不开创新能力的积累，创新能力的积累离不开实践能力的提升。若没有实践能力，则创新能力是不可能得到发展的。学生在实践中不断积累自己的实践能力，形成良好的创新意识，无形中会使自己的创新能力逐步提升。

第四，实践教学更深远的意义在于促进学生的全面发展。新时期，国家的发展靠人才，而人才综合素质的提升是国家综合国力提升的表现。国家正是靠学生进入社会前的实践教学来逐步培养学生的综合素质，促使其全面发展。

二、实践教学体系的构建策略

（一）高校实践教学体系现存问题

近年来，各大高校纷纷加大对实验室的建设投入以改善实践教学条件，积极开展实践教学改革。这不仅有效促进了学生实践能力和创新能力的提升，还为实现创新型人才的培养目标奠定了坚实基础。然而，高校实践教学改革的探索阶段仍然存在着一些问题。

1. 重视程度不高

目前一些高校受传统教学模式的影响，重理论轻实践、重知识传授轻能力培养，实践教学长期处于高校教学活动中的次要地位。在高校目前制定的人才培养方案中，以理论课程的知识能力培养为主，以实验环节的实践能力培养为辅。这种实践教学定位和人才培养模式已经难以满足学生实践能力和创新能力培养的需求。实践教学活动，一方面，使学生将理论知识运用到实践中解决实际问题；另一方面，锻炼学生发现问题、分析问题和解决问题的能力。由于这些是理论教学难以替代的，因此，高校需要尽快转变教学观念，确立实践教学在创新型人才培养过程中的主体地位。

2. 缺乏整体规划

很多高校把实践教学体系构建的重点放在了实践教学活动上，虽然开设了实验、实训、实习等多种实践教学环节，且各个环节具有一定的时间保证，但是各环节之间缺乏有效的内在联系和有机结合，这种无序的状态与创新型人才培养目标有较大的差距。实践教学体系作为相对完整的教学体系，具有相对独立性。在建设、实施的过程中，应避免片面性、孤立性，需要紧紧围绕专业人才培养目标，运用系统性思维和整体优化思路指导实践教学体系的构建。

3. 环境条件不完善

与高校理论教学相比，实践教学活动的开展需要投入更多的人力和物力，不仅受到实验设备、实验场所和实践教学师资等条件的限制，而且还需要得到社会、企业的支持，实施起来难度相对较大。很多高校在师资队伍培养方面，缺乏具有过硬操作、技术经验的实验老师；在实践教学硬件设施的建设方面，实验室的建设、设备的更新、实验条件的改善都需要大量的资金投入，一些有能力的高校虽然建设好了实验室，但是缺乏合理的运行和共享机制。另外，在实践基地的建设方面，许多高校建立的校外实践基地数量不足，且其中有相当一部分稳定性不高，难以使实践基地发挥最大的效用。

（二）高校实践教学体系的构建原则

实践教学体系的高效运行必须考虑到多种要素间的相互作用。实践教学体系在综合了创新创业人才培养范畴和实践教学体系特征的基础上，提出了高校在构建实践教学体系过程中需要遵循的一般性原则。

1. 目标性原则

高校实践教学体系的构建必须紧紧围绕培养大学生创新创业能力这一人才培养目标来进行，要把培养既具有扎实的理论基础，又具有较高创新素养和较大创业潜能的学生作为实践教学体系的出发点。制定的实践教学体系人才培养目标应该根据高校人才培养要求、专业学科特点、教育发展规律、社会对人才的需求来进行明确的、有针对性的具体目标设定。

2. 系统性原则

高校实践教学体系的构建，应该根据高等教育规律、人才培养特点，按照各个实践教学环节的地位、作用及相互之间的内在联系，运用系统科学的方法进行统筹安排。实践教学环节的时间安排要保持连续性，要处理好实践教学与理论教学的关系，合理分配课时比例，保证整个教学过程的系统性。实践教学与理论教学的相互衔接、相互渗透，要使体系内的各个环节协调统一，贯穿于高等教育的全过程。

3．层次性原则

大学生能力的发展是一个循序渐进的过程，遵循这一客观规律，高校实践教学也应分阶段、分层次逐步深化。高校实践教学目标要由易到难，实践教学环节要由简单到复杂，实践教学方法要由单一到综合，分阶段、分层次循序渐进地加以构建。

4．实践性原则

实践出真理，因此，高校对实践教学体系的构建要有利于学生实践能力的培养，主要体现在实践教学目标要符合社会发展和人才需求，除培养学生的应用实践能力外，还要注重创新创业能力的培养，以满足学生自主发展的需要。在教学内容上，应突出知识更新的要求，以实践、实训活动为主导，模拟真实的环境来开展实践教学。

（三）面向创新创业能力培养的实践教学体系

实践教学体系的构建是以实践教学人才培养目标为核心前提，以实践教学活动为主体内容，并以相应环境资源作为支持条件的一个有机联系的整体。在构建面向创新创业能力培养的实践教学体系时，实践教学人才培养目标与实践教学活动和配套的环境资源构成了体系中三大要素。这三大要素各有内涵又相互联系、相互促进。

创新创业人才培养目标是高校实践教学体系构建的目标导向，也是其核心前提。这指的是在实践教学体系的构建中，要把培养学生创新创业能力作为实践教学人才培养目标，把创新创业人才培养目标贯穿于实践教学体系的每个环节，通过实践教学活动培养学生的实践能力、创新素养和创业潜能，使学生解决实际问题的能力和综合素质得到提高，做到德、智、体、美、劳全面发展。实践教学的首要任务就是要求学生能将理论知识与实践能力相结合，将课堂教育与社会实践相结合。这样在学生参加工作以后，能够充分利用理论知识指导思想，去观察、处理问题，解决实际工作中遇到的现实问题。

在很多用人单位看来，现在的大学生发现问题、解决问题的能力并不理想。由于缺乏实践经验，在工作中很难发挥高学历知识教育的优势，因此要通过实践教学，积极塑造学生的观察能力、理解能力和思考能力。在日新月异的环境中，具备创新能力的学生才能发挥举足轻重的作用，为社会发展做出贡献。创新能力的不断提升可以使学生富有创造力，还可以激发其创业潜能，开辟新的行业和领域。高校要依据自身的学校定位，适当调整各学科教学计划，以培养学生创新创业能力教学理念为指导，突出实践教学体系各环节的连贯性和整体性，完善实践教学内容，积极培养学生的实践能力，满足新时期学科专业发展对专业人才的需要，力争实现创新创业人才培养目标。

（四）实践教学的主要阶段

按照不同的教学目标，遵循实验内容深度以及实践技能层次的递进，综合应用水平的递进，实践教学活动主要包括基础实践阶段、专业实践阶段和综合实践阶段三个阶段。通过这三个实践阶段，高校可以合理地、循序渐进地安排实践教学活动，将创新创业人才培养目标和实践教学内容具体落实到各个阶段中，达到学生实践能力、创新能力的培养要求。

1. 基础实践阶段

该阶段是专业能力初步锻炼的阶段，对加深理论知识的理解、弥补课堂教学的不足起着重要作用，是专业实践阶段的前提。基础实践阶段主要包括课程实验、社会调查和参观见习三部分，重点培养学生的基本技能和基础实验能力。

课程实验的教学目标是以理论知识为支撑，使学生具备以操作能力为主的基础实践能力，通过实际操作和应用来发现和解决问题。社会调查通过实地调查研究，促使学生验证和解决课程中遇到的理论性问题。参观见习的目标是增长自身专业知识的见识，主要通过参观与专业相关的校外单位等方式进行。

2. 专业实践阶段

该阶段是在经过专业知识的系统学习后，开始把所学知识运用到科研探索中，强调专业实践的重要性，是对学生科研能力培养的有益尝试。专业实践阶段主要包括三部分：课程设计、项目实践和专业实训。

课程设计对培养学生提出、分析和解决问题及初步形成科学研究的专业综合能力起着重要的作用，是巩固所学理论知识的重要途径。学生的课堂学习时间有限，不可能完全掌握学科专业知识，所以项目实践环节可以使学生根据自己的特长，选择感兴趣的某一专业项目，在教师的指导下，以项目小组的形式组合在一起学习和研究，通过互帮互学，培养团队精神和融会多学科知识的能力，以及培养学生的设计实验的能力。专业实训主要采用校企结合的形式，由学校老师和企业老师带队，进入实际的工作环境中，让学生亲身体会到未来的工作状态，帮助其及早适应工作环境，使其满足行业需求。专业实训是连接校内学习和企业需求的桥梁，是毕业实习的一个提前模拟。

3. 综合实践阶段

该阶段主要包括科研竞赛、毕业实习和毕业论文三个部分，重点培养学生的综合实践能力和创新能力。

在科研竞赛中，学生在指导教师的辅导下，参与课题研究、科研立项和创新性实验项目等学术活动，也可以参加本专业的各项竞赛活动等，锻炼学生把理论知识与实践相结合的能力。为了能让学生在毕业实习的时候尽快进入工作状态，适应真实的工作环境，毕业实习是学生自己到相关企业部门中去，真正投入实际工作，发挥自己的综合能力，给企业创造经济效益。学生在毕业实习中，可以积累工作经验，为就业做准备。毕业论文是和毕业实习相辅相成的，毕业论文的主题来自学生对毕业实习过程中专业知识的总结和思考，体现出学生的科研能力和创新能力。

（五）构建实践教学体系的资源环境

实践教学体系的构建必须提供一系列教学硬件和软件，才能保障实践教学的顺利开展。这些软件和硬件构成了实践教学体系的资源环境，主要包括实践教学体系构建的前提条件、环境保障、质量保障等方面。

1. 完善实践教学管理机制

适合创新创业型人才培养的实践教学体系必须要有与之相适应的实践教学管理机制作为前提条件。其管理机制包括以下三个方面。

（1）分级组织管理

高校实践教学管理通常实行校、院二级管理体制，由学校负责对实践教学制定相应的管理办法和措施，各二级学院作为办学实体负责实践教学的组织和实施。

（2）教学制度管理

目前，大部分高校的学生必须按照专业教学计划，接受相同的教学内容，而不能自主选择个性化的课程，这并不利于大学生创新能力的培养。完善实践教学制度，高校需要实行"弹性学分制"，保证学生获得学分途径的多样性和灵活性，促进学生创新能力的最大化发展。

（3）运行评价管理

高校要建立起包括学科专业资源、软硬件条件、校内外实训实习基地等实验教学资源有效利用和共享开放的机制，保证实践教学资源得到最大化的使用，为实践教学活动的开展提供可靠的保障。同时，需要对实践教学的各个环节制定相应的评价反馈机制，利用这些机制来促进实践教学水平的提高，通过评价反馈保证实验教学改革的发展，对实验教学资源的有效配置与利用起到良好的监督与指导作用。

2. 建设实践教学基地

实践教学基地建设可分为校内实训基地建设和校外实习基地建设两个方面：校内实训基地主要是面向本校师生，采取校企结合的方式，在校内开设企业培训课程，进行企业模拟实践；校外实习基地需要依托企业的老师，按照企业生产实践的真实需求，参与学生校外实习教学环节的管理和指导工作。良好的实践环境是培养学生实践能力和创新能力的重要基础，所以高校应该以校内实训基地发展为核心，扩展校外实习基地，采取校内外共建相结合的思路，为推进实践教学改革提供基本环境保障。

3. 建设实践教学师资队伍

近年来，很多高校开始认识到，实践教学人员已不再是传统观念中的教辅人员，而是教学活动的主体。实践教师队伍素质的高低，直接关系到学生实践能力、创新能力培养的好坏，因此，高校要加强实践教学师资队伍的建设，以适应新的实践教学体系要求。高校要抓好"双师型"实践教学师资培养工作，通过各种培训、培养途径，使他们既具备扎实的基础理论知识、较高的教学水平，又具有很强的专业实践能力。与此同时，建立完善的考核体系，鼓励教师承担实践教学工作。

第三节　师资队伍建设

创业师资与传统师资在教学技能与知识类型的要求上存在根本差异，组建创业师资队伍本质上是一个破旧立新的过程。特殊的创业师资类型框架和目标要求，决定了创业师资队伍建设要避免随意性，必须以明确的目标作为指导，以一定的理论架构作为支撑。

一、设立分层推进的师资建设框架

高校创新创业教育是高校利用课堂内的创业课程和课堂外的创业活动，培养学生创业精神和创业技能的教育。"实践性与理论性并存"是创新创业教育区别于普通教育的典型特征，促进大学生自主创业又是创业教育的结果之一。因此，创业师资选拔与培养必须兼顾创业实践、创业理论、创业指导三方面的内容，对应师资为企业师资、专业师资与创业辅导员。

目前，有关创业师资培养问题的专门研究不多，缺乏前瞻性指导。面对创业学位体系尚未形成的客观现实，创业师资队伍的建设主要依赖引入外部师资和开展师资培训。

具体结构为：①企业师资以提供创业经验为主，需具备基本的教学技能以满足创新创业教育需求；②专业师资需要将专业与大学生创业融合，必须具备理论性与实践性的双重知识能力，即"双师型"教师；③创业辅导员则以创业咨询服务为主要任务，需要对创业法规、政策有基本认识，能够为学生提供创业支持。

二、组建高素质师资队伍

（一）建立高校创新创业教育协调机制

加强创新创业教育管理是高校全面推进创新创业教育不可或缺的要素，更是创新创业教育制度化建设的一个重要标准。目前很多高校创新创业师资缺口大、质量差，存在师资管理混乱现象。扩建创新创业师资队伍，提升创新创业师资质量的首要任务就是完善创新创业教育协调机制。高校要着力加强管理，加强顶层设计，将创新创业教育规划融入高校整体发展战略中，提出明确的师资队伍建设计划。高校要组建有效的创新创业教育管理委员会等协调机构，统筹全校创新创业教育师资队伍的管理与分配。全面指导全校创业课程、创业项目、创业竞赛、创业训练营及各种类型创业活动的开展。高校要成立由校内外人员构成的创新创业教育咨询委员会等机构，着力解决创新创业教育实施过程中遇到的师资聘用、师资挂职、创业资金运用等实际问题。

（二） 建立合理的师资筛选标准

创新创业教育在本质上是一种素质教育，具有普适性。素质教育包括提升"创新精神"和"实践能力"两大核心，与创新创业教育培养大学生具有首创精神和创业能力的目标是一致的。创新创业教育反映了素质教育的核心与重点。实施创新创业教育的目标不只是帮助学生走上独立创业或自谋生计的道路，更重要的是帮助学生将创业精神和能力应用到各项工作与活动中，以适应发展中的社会。

素质教育理念下的创新创业教育，要以创业理论知识为基础，以创业实践知识为重心，要求教师具备先进的创业教学理念和实践导向的教学素养。在师资选拔上，要避免单纯以高学历、高职称作为选择标准，而要树立以教师素质与创业人才培养相契合的选聘导向，防止将"纯粹知识教学"的教育模式带入创新创业教育过程中。

（三） 建立灵活的兼职师资选聘制度

高校要建立灵活的企业师资选聘制度，提升企业师资的参与力度和质量，对专业需求、教学任务、薪金制度、项目参与需求，企业师资与专业师资合作等做出合理安排。

企业师资选聘应兼顾创业教学的多层次需求。以不同教学时长的教学任务为例。第一个层面是学校层面的创业通识课，应采用校内辅导员和研工部、学工部等教师为主，兼职教师为辅的师资组成结构。每门课程选配一位或数位能够完成短期课时的兼职教师，采用讲座、互动、专题讨论的方式开展创业教学，作为大学生入门创业知识的补充。第二个层面是院系层面的创业融合课程，应采用专业教师与兼职教师一对一的协作模式，与专业教师共同授课，结合理论与实践开设系统的创业课程。第三个层面是专业层面的创业课程，应选用兼职教师独立教学的组织方式。根据创业课程人才培养的需要设立专门的创业课，选聘创业学领域的专家，专门开设一门或数门针对性的创业课程。

高校要着力完善企业师资选聘制度，根据三个层面课程的不同需求，真正将校外兼职教师融入到高校创业教学中来，改变过去相对简单的教学辅助角色，真正对学生的教学与创业实践进行有效的指导。

三、形成科学合理的师资结构

（一）组建结构合理的教师队伍

创业师资由企业师资、专业师资和创业辅导员三部分人员组成。各高校应根据相关规定，以及实际课程的教学需求，组建师资规模与结构合理的教师队伍。

鉴于现阶段创业师资较为匮乏的现状，在实际操作中，一方面，高校要坚守师资选择标准的原则底线，扩大师资选择的范围，从培训人员扩大到创新创业教育的实践者和研究者，乃至各专业院系不同专业的专业人才，不拘一格地选拔人才，建设稳定的校内教师队伍；另一方面，还要设立一条或多条优秀师资的绿色通道，广泛吸引国内外创业学专家，参与高校创业教育。同时，高校还应与当地产业相结合，吸引成功的企业家、风险投资商、律师等不同领域的人才参与高校创新创业教育，并根据教学层次的需求建立结构合理的教师队伍。

（二）统筹优化现有高校师资

院系壁垒是阻碍高校校内创业师资相互沟通与成长的主要障碍。各高校可以结合现实需要，参照三个层次的创业课程设置，开展不同层次的创新创业教育，打破学院的制约，重新整合师资力量，形成通识教学、融合课程教学、创业学教学三种不同的教学模块。通过课程体系的构建，将创业师资优化成密切联系的教师网络。

高校可以根据完成的实际创业过程，建立不同的师资合作模式。第一，组建一主多翼的师资团队。此类型师资团队以一次完整的创业项目或创业活动为依托，能够满足大学生整个创业过程的需求，由不同专业的专家构成。可以推举一位统筹者，组织相关教学活动的讨论、教学内容的选择，制定阶段性的发展目标。第二，根据创业不同阶段或专业领域的需求组建师资队伍。高校可以将不同领域的专家根据创业不同阶段或专业领域的需求，形成特定的师资队伍。学生可以根据自身能力需求与创业发展需求，选择相应的教师进行咨询。

统筹优化现有的师资资源，形成不同形式的师资团队合作方式，最终目标在于充分发挥每一位成员的优势，更好地为高校创新创业教育发展服务。

（三） 制定科学的协作教学制度

引入高校外部兼职教师是高校创新创业教育发展的现实需求。专业师资主要依赖校内师资，师资队伍稳定，而企业师资主要依赖高校外部的企业人士的引进，流动性大。

随着"全校性创业教育"理念的推广，专业教师的人数大幅度增加，而且不同师资类型、不同课程专业类型、不同课时长度的兼职教师也使得师资管理工作变得更为烦琐。在此情况下，若没有完善的师资协作制度作为保障，一旦出现教师离职的情况，则必定导致师资链断裂，导致教育教学的整体性被破坏。为此，高校必须在创新创业教育管理部门的统筹规划下，在紧密联系社会、主动挖掘不同领域优秀人士的同时，建立严密的师资协作制度，做好短期、长期师资聘任规划，与应聘教师保持密切联系。

（四） 完善创业师资激励机制

高校如果忽视"以人为本"的师资管理模式，将会导致选人、用人、育人和留人各环节衔接的断裂。在创业师资管理方面，高校应明确树立"以教师为本"的管理理念，确保教师在创业教学中的主体地位，帮助教师树立正确的创新创业教育价值观，认识到创新创业教育对教师自身和学生成长的重要作用，建立能够促进教师个体发展的激励机制和管理体制。

具体到实际操作层面，高校要努力将教师的个人发展目标与创业教学发展目标相统一，引导教师根据学校创新创业教育发展的定位和实践型人才培养需求组织开展教学活动，对教师在科研、教学、实践等不同领域所取得的成绩给予科学的评价和合理的回报，努力实现管理方式从压力的传递向内在的激励转变。

高校也可以成立创业师资发展基金，奖励在创业课程建设、教学方法革新、创业实践及创业研究等领域做出显著成绩的教师。制定科学合理的薪酬制度，落实教师的工资、福利等各项政策，切实保障创业师资的利益。

四、建立形式多样的师资培养体系

（一） 加大高校创业学学位体系建设

高质量创业师资短缺已经成为阻碍高校创新创业教育发展的主要瓶颈。短期速成的创业师资培训既不能达到较高的质量标准，也无法满足不断增长的创新创业教育师资需求。然而，解决这一问题的根本在于构建系统化的创业学学位体系。高校通过创业学学位体系可以培育大批创业教育师资，迅速提高创业师资的素养，达到提升创新创业教育水平的目标。

创业学学科的发展和创业学学位的设立，不仅有利于吸引优秀的企业与管理人才加入创业研究的队伍，提高创业研究的质量与效果，还有助于创业师资的长期发展，形成师资供给的良性循环。近年来，高校在创业学学位体系建设方面已经取得了初步成效，有的高校已经设立了本科阶段的创业学学位，甚至出现了创业学硕士和博士学位，但现有的教育资源远远无法满足创新创业教育的教学需求，需要继续加大创业学学位体系的建设力度。因此，有条件的高校必须加强创业学学位建设，有计划、有步骤地开发创业课程，逐步建立完整的创业学学士、硕士、博士学位培养体系。

（二）加大"双师型"教师培养力度

若要加大"双师型"创业师资的培养力度，必须保障充足的培训资金和合理的师资培训平台。各高校应设立专门的创业师资培训基金，吸引社会赞助，以"产学研"为依托，将高校的知识优势与企业的实际操作优势相结合，制定校企合作师资培训计划。培训内容要以企业管理、项目运营、危机处理为核心，强调师资的创业感受与体验，提升师资的创业认知。此外，高校还应逐步制定"双师型"职称认证制度，积极引入具备"双师型"条件的教学人才。

"双师型"创业师资的培养过程还应秉持：尊重师资职业发展意愿的原则；师资专业领域与企业领域相匹配的原则；兼顾高校与企业双方利益的原则；理论与实践相结合的原则。

（三）推进创业师资培训工作

相关部门可以开展"千人创业师资项目"等培训活动，大力推进创业师资的培训工作。高校在经过十多年的创新创业教育发展历程后，已经积累了相当多的师资培训经验，形成了一定数量的优秀创新创业教育团队和创新创业研究团队。未来，高校可以尝试将市场竞争机制引入高校创业师资培训，增强高校在师资培训方面的主动性，提供多样化的培养方案。师资培训过程要着重采用体验式、活动式的培训方法，在改善教师创业知识结构的同时，更要提升教师的创业能力。

有条件的高校应当有目标地选拔部分优秀教师参与声誉较好的师资培训项目，学习先进的培训理论和内容，了解高校创新创业教育的前沿动态。除参与创业师资培训外，还可以鼓励并支持教师参与创新创业教育国际交流活动，与世界顶尖学者充分沟通，吸收先进经验，促进高校创新创业教育理念和方法的发展。

（四）构建创业教育学习平台

相关部门可以建立创业网络学习平台，加强经验交流与资源共享。尝试在区域层面建立统一的创业学习平台，鼓励各高校潜心学习、研究和借鉴各种师资队伍培养模式，拓宽创新创业教育师资的培养渠道。

参考文献

［1］钟之静."互联网＋"大学生创新创业大赛蓝宝书［M］．广州：暨南大学出版社，2020．

［2］颜廷丽."互联网＋"背景下大学生创新创业能力培养研究［M］．北京：北京理工大学出版社，2020．

［3］徐东明，汪斌，索昕煜."互联网＋"大学生创新创业基础［M］．北京：中国言实出版社，2020．

［4］傅华祥."互联网＋"背景下大学生创新创业教育研究［M］．北京：九州出版社，2020．

［5］康海燕."互联网＋"大学生创新创业实践教程［M］．北京：北京邮电大学出版社，2019．

［6］刘晓莹，杨诗源."互联网＋"时代艺术类大学生创新创业基础教程［M］．厦门：厦门大学出版社，2019．

［7］陈审声．基于"互联网＋"视角下的大学生创新创业教育［M］．北京：冶金工业出版社，2019．

［8］陈丽如．互联网＋环境下的大学生创新创业发展研究［M］．昆明：云南人民出版社，2019．

［9］杜永红．大学生创新创业教育［M］．北京：清华大学出版社，2019．

［10］宗利永，顾凯，王胜．大学生创新创业理论与实践［M］．上海：上海交通大学出版社，2019．

［11］张健丰，陈悦．基于互联网＋视角下的大学生创新创业能力培养策略研究［M］．北京：经济管理出版社，2019．

［12］张晓蕊，马晓娣，岳志春．大学生创业基础［M］．北京：北京理工大学出版社，2019．

［13］舒良荣，杨颖．大学生创新创业基础［M］．北京：国家行政学院出版社，2017．

［14］李学东，顾海川，刘万兆．创新创业管理［M］．北京：北京邮电大学出版社，2017．

［15］罗文谦，惠亚爱，徐锦华．大学生创新创业基础［M］．北京：国家行政学院出版社，2017．